ことばは、愛。

心美しいことばの生活を

藤原与一

東京堂出版

◎この小冊をみなさまのお前に

ひとつ

私は、早くから、こういう本をつくりたいと考えてきました。柳田国男先生のお諭しによるものであります。

先生は、学生だった私に、地方のたちばで勉強せよとおっしゃいました。東京へは出てくるなとの仰せでした。全国的に歩いていた方言調査の私が、お宅へ参上するたび、このご教導がありました。

先生の『毎日の言葉』（創元社　昭和二十一年）というご本は、書題からして、私の随喜いたした教典でございます。

先生のおあとに伏して、私はこの本をまとめました。

ふたつ

根元として、考えとおしてきた心がけは、

1　お読みくださるかたがたとの協同で、日本語生活のよいもの、美しいものをみつけていきたい。

２　ごいっしょに、毎日の言語生活の雅醇を求めていきたい。

日本語の本来のすがたを、いろいろな角度からたずねていって、あたたかみのある「毎日の言語生活」のため、すなおな問題提起をしていきたい。

３　私は、母語にあたまを下げ、日本語によく問わなくてはならないというのであります。

◎日本語の天地にあそんで

「よい美しいことばの生活」というのは、「心ゆたかなことばの生活」ともしうるのではないでしょうか。また、「心中、自由自在な、のびのびとしたことばの生活」とも言えるのではないでしょうか。

こういう生活のためには、もとより、教養の深化が要請されていましょう。浅い心のままでの自由自在などであってはなりますまい。

自在に思いをはたらかせても、批判精神が低調であったりしては、美しいことばの生活などは得ることができますまい。

日本語の天地は、広大深遠であると言えましょう。無限大の大海のようなものでもありましょう。さればこそ、私どもは、ことばを、限りもなく思い深く運用していくことができ、表現と理解との生活を、いよいよ美しく実現していくことができましょう。

そういう生活は、まったく、たのしいものに相違ありません。

私どもは、日常生活にあっても、言わば、たのしんで、言語による表現と理解との生活を進展させていくことができればなによりだと思います。

自由の天地、日本語世界にあって、低次元の規則などにしばられることなく、表現と理解との生活に、思いきりたのしくつき進むことができたら、私どもは、じつにしあわせでありましょう。

日本語の大海は、個々人の、そうしたたのしい生活を俟っていてくれると思います。

目次

心美しいことばの生活を……6
一つの文章論……38
言語の学と文芸の学……74
人間のことばは愛の言葉……158
海外への方言研究の旅……206

心美しいことばの生活を

目次

第一章　言語
1　日本語の論理正しい表現のために
2　「晴れ」の日本語と「ふだん着」の日本語
3　方言生活に生きる人のきれいなことばづかい
4　いなかことばの美しさ
5　方言生活の妙味
6　うるわしい生活語
7　助詞のだいじさ
第二章　言語生活
第一節　話す生活
1　あいさつ（挨拶）
2　地方のあいさつことば
3　あいさつことばの必要・不必要
4　方言人のすなおな話しかた
5　話す姿勢
6　よい話し
7　発音の美にあそぶ
8　ことばの音感
9　声の上げ下げ
10　声の美しさ
11　テレビ・ラジオでことばを学ぶ
第二節　聞く生活
朗読を聞く
第三節　書く生活
カード法の大先覚
柳田国男先生!!
幸田露伴先生!!
漢字利用は積極的に
第四節　読む生活
◎言語生活に大胆さを

第一章　言　語

1　日本語の論理正しい表現のために

わが日本語の表現について、論理的云々の議論が、由来、すくなくはありませんでした。〃論理的でない〃とも、よく言われてきたでしょうか。

私は、いわゆる論理的な表現のしかたのために、まず、次下の三項目のことを考えたいと思います。

(一) 一文（ワン・センテンス）を、できるだけ短かくすることに力めます。——長くなるばあいも、短かいセンテンスを重ねた（累加した）のに等しいものになるようにします。

(二) 一文の、ともすれば長形になるのを、できるだけわかりやすく（いわば論理的に）するため、文中に、「　」や〃　〃など、あるいは、「——」・「〜」などの符号を入れることをくふうしてみてよいのではないでしょうか。

(三) 点（「、」）・丸（「。」）をだいじにつかうようにと心がけるのがよいかと思います。文表現が、うねくねと延びていくうちにも、途中で、「、」をほどよく打ちたいものだと、心していきます。——「、」との勝負です。これが徹底していくと、文表現のすじめがしゃんとしていくのではないでしょうか。（文表現が、途中点でくぎられていったばあい、くぎられたおのおのが、同じ重さでつりあうようであったらよいでしょう。）

いわゆる論理的表現のために別して留意すべきは、助詞（て・に・を・は）の用法ではないでしょうか。

主部のところで、「が」「は」のどちらをえらぶかなど、よく考えなくてはなりません。無助詞という方法もありますね。（この時、「、」がだいじです。）

文中の接続助詞のところでは、かならず、「、」を打ちたいものですね。この構えでいると、おのずと、文表現の長大化を防ぐ気もちがわいてきます。

センテンスが、接続助詞で境されながら、長くつづけていかれるとしますか。この、やむを得ない趨勢の中にあっても、考えるべきは、接続助詞の適正な用法であります。結果として、長いセンテンスの全体が、よく垂直に立っているようであるならけっこうでしょう。ここで私は、源氏物語の文章を思いおこします。あの大長編の作品が、頻出する長センテンスに、すこしもゆるぎを見せていません。みなみな、よく垂直に立ってすこしもゆるがないおもむきです。

２　「晴れ」の日本語と「ふだん着」の日本語

「晴れ着」は、ときどき着る、あらたまった着物、「ふだん着」はしょっちゅう着るものですね。

「晴れ」の日本語は、共通語と言われているものとしましょうか。——だいたい関東方言系のものでしょう。「ふだん着」の日本語は、地方々々ごとの方言ということになりましょうか。だれにも、ふだん着が日々だいじであるように、地方語（～方言～）も、日々たいせつです。これなしには、日々の生活がうまくいきません。〈だから方言は生活語と言えます。〉

地方にあって、方言の中に生きている人々みな、自分の方言を見くだしたりしてはなりますまい。生活語なのですから。よそ行きことばを漫然とあたまにおいて、自己の方言は卑下することが、由来、ありがちでした。ここは一番、思いかえて、自分の生活語、方言に、胸を張って立ちむかわなくてはなりません。毎日、自分が、生活のよりどころにしているものですから。

ふだん着の、きれいに洗濯されたものを、農休みの日に着ているのなど、いかにもけっこうではありませんか。生活語の生き〳〵としたものの中に暮らしていくのも、考えかたによっては、日本語を輝かしていく生活です。

世の方言人が、徹底的な方言生活の中で、おのが知性をよくみがいていってもいいましょう。

３　方言生活に生きる人のきれいなことばづかい

私が、広島県安芸の北辺を訪ねた時のことです。お目にかかった一人のおじいさんは、

○マー　トーテ　ツカーサレー。ガクモンノ　ヒラー　ツマランガー。

まあ問うてください。学問の側《ヒラ》はつまりませんが。

と言いました。「ヒラ」。麦わら屋根などのばあいには、屋根の側面について、「コッチノ　ヒラ」（こち

らがわ）などとの言いかたがされていましょう。「ヒラ」が、うまく活用されています。おじいさんが、また、できないことを謙遜して言う時、「つまらない《ツマラン》」との言いかたをしているのも、よくわかる、ことばの巧妙なつかいかたですね。

こうした、用語の自在さとも言えるものが、方言生活の中の人々に、よく見られます。

4　いなかことばの美しさ

私の郷里（瀬戸内海の大三島の北端集落）では、

○オミヤゲドモ　ツカーサイマヒテ　アリガト　ゴザイマス。

　おみやげどもくださいまして、ありがとうございます。

との言いかたが、よくおこなわれてきました。

私は、子どものころにも、祖父母などがこのあいさつをしたのを聞いています。

「オミヤゲドモ、」との「〜ドモ」の言いかたが、郷里の言語生活の中では、上品な、けっこうなことばづかいになっています。祖母などがこれを言う時は、子どもの私にも、その態度が、いかにもへりくだった、つつましやかなものに思われました。

「ドモ」ひとことばが、清く光っていたのでした。

○お礼ハズカシー

というのが、また郷里で、年長女性たちによく聞かれました。礼を言われたさい、ていねいに、品よく、このことばが出たのであります。私は、少年時代にも、これを耳にして、なぜか、これにつよく心をひかれていました。

このような形容詞が、だれに教えられるともなく、民間の人たちの口頭にしぜんにできていたのですね。

5 方言生活の妙味（達者ぶり）

○ナンボナリト　トッテ　ツカイ。
　いくらでも取ってください。


というような言いかたが、たとえば中国山陽地方内での方言生活に、よく聞かれます。

私は、この「ナンボナリ(イ)ト」が、じつによくできたことばだと、思ってやまないのであります。

これと、共通語の「いくらでも」とをくらべてみます時、私は、両者の味わいの、おおいにちがうのを感じてやみません。

「ナンボナリ(イ)ト」のばあいは、「〜ナリト」とあるので、「いくらでも」の「〜でも」が限りのない「いくら」であってよいように思われて、気もちがいいです。――（「ナリト」が、よく、ものごとの無制限にゆるされていくさまをあらわしてくれます。）ときには、「ナリト」が「ナイト」とあって、そのやわらかな言いかたがまた、「いくらでも」の「でも」の状況を、ふんわりとあらわしてくれ、申し分がありません。

共通語での「いくらでも」とありますのは、「でも」が、どうも、「ナリト」とあってのような自由展開を意味しないかのように思われます。→なんだか、制限がありそうなここちもします。

というわけで、私は、「ナンボナリ(イ)ト」のできを、いかにも妙味あるものと思うのであります。同時にまた、こういうことばづかいを成しあげた人々の言語力（「方言力」）をまことに達者ぶりのものだと思わずにはいられません。

6　うるわしい生活語

私の故郷、瀬戸内海大三島でのお話しです。
おばさんが、小麦畑で中耕《ウ》ちをしています。下の道を、鍬をかついだおじいさんが通って来ます。おじいさんが言います。

○ヨー　デキトル　ノー。
　よくできてるねえ。

おばさんはこれに答えて言います。

○サーリャ　サーリャ。
　まあねえ。（控えめの肯定）

この「サーリャ」は、「されば」ですから、まさに古語ですね。由緒深い、上品な言いかたが、方言社会の農女の口から出てきます。

そういえば、ほかの地方でも、

○サーリャ　ノー。

　されば　ねえ。

○サレバ　ノーシ。

などの言いかたがおこなわれていましょう。右の大三島では、

といった古風な言いかたもおこなわれています。年上の男性が、いわば上品感の気もちで、他の男性に遠慮がちに応答する時、これが言われてきました。——すぐには諾否などを言わないで、遠慮がちに一呼吸おく時のあいさつことばがこれであります。

「サーモ　ナケーレバ、ー」とか、「サーモ　ナケーリャ」とか、「サーモ　ナキャ」とかは、諸方言界でよくおこなわれていましょう。

「サ」を用いた古語法が、広くにおこなわれていて、生活語としての方言の品を高めています。

7 助詞のだいじさ

かな一文字・二文字などで書きあらわす助詞が、文表現上では、じつにたいせつなはたらきをしています。（書きことばでも話しことばでも。）

表現のふしめになっていくのが助詞です。「どう〳〵するケン」は「するから」〈順接〉であり、「ケンド」は「けれども」〈逆接〉。一つの助詞が、表現の流れをころっと変えてもいきます。（方言上では、「……ケン」で「ケンド」同様のはたらきをしているばあいがありますので、たいへんです。）

右で、私は、「ありますので」としました。「ありますから」とはしませんでした。「ある」ことが、方言しだいでは確実なので、既定事実を言いあらわす「ので」をつかいました。

前段落では、「右で」としました。「右に」としかけたのですが、「右で」に直しました。両者の相違をご一考ください。私は、両者についての選択に、しばしば迷うのです。判断にこまるような助詞、それは、助詞のたいせつさをよく思わせてくれるものですね。――表現の、論理整然とした展開を思えば思うほど、私どもは、助詞の所でふみとどまるここちになって、適正的確な助詞活用におもむかなくてはなりませんね。

助詞は、書いても話しても、表現の法格を守るうえの急所となります。――（ここで今、私は、一瞬、「急所に」とするか「急所と」とするか、迷いました。「に」としてすんなりさをあらわすよりも、「と」として、「急所」というもののだいじさをぐっととり立てることにしました。）

宗前鉄男さんに教えられたことです。

松尾芭蕉が門弟去来の作「凩の地までおとさぬしぐれかな」を「凩の地にもおとさぬしぐれかな」となおしたという話しを思い出しました。

とありました。「まで」と「にも」、いかにもりっぱに、助詞がおきかえられました。「にも」の音感も、「まで」の、濁音のあるものとは比較になりませんね。上品な「にも」。私は、「て・に・を・は」の中で、「に」が、広きにわたって、いつも良効果を発揮していると思っています。「に」に、静温の情緒をかもす力がありましょうか。

○みんなに　くばった。

○心に　のこる　ことば

○いい　色に　そまりました　ね。

さて、「に」と「へ」とは、よく〱「場合《バアイ》」を見てつかいわけるべきでしょう。

○的確に伝えるには、

○的確に伝えるのには、

これは「の」の問題にもなりますが、「伝えるには」とありますと、文語体ふうになりましょうか。それだけに、気品が認められます。

助詞のそれぞれは、日本語「文・文章」表現（話しても）を明確に伝える急所になるものでありましょう。私どもは、日本語に生きる者として、よく、助詞のはたらきに、最上の注意をはらっていくべきだと思います。

方言世界に、助詞用法の一風変わった習慣があったとしたら、それを注視し、善用したらよいでしょう。

また、ふうがわりの助詞に気づくことがあったら、それもとり立てて、毎日の生活の中へ生かしてみることもよいでしょう。

第二章　言語生活

第一節　話す生活

1　あいさつ（挨拶）

日常の生活に、必要かくべからざるものといえば、「あいさつ」などがそうでしょうか。

今日、通用いちじるしいあいさつに、

○よろしくお願いします（いたします）。

がありましょう。男女老若とも、これをよくつかっていますね。

何をお願いする？　その点の判然とはしないことも多いでしょう。――ともかくお願いするんですね。

（――願意は、はっきりとしています。）

なんとなく、その場の全体について、どうぞよろしくと謙遜するのが、この「よろしくお願いします（いたします）。」でしょうか。

② 地方のあいさつことば

九州肥前方面での、

○ナイ。

という返事のあいさつことばなどは、世上、めずらしい、ふうがわりのものの一つでしょう。これは、「はい。」の音転化でできたものでしょうか。

それが、他地方人には「無い。」ととられがちですから、会話がトンチンカンになります。

広島県下の安芸でよく聞かれてきたものには、

○オマメナラ　ヨロシュ　アリマス。

お元気でありますならよろしゅうございます。

があります。「〜ナラ」とあるのが特色ですね。

以前、広島市東北郊で、男性が、行きずりに、いさぎよく発したあいさつことばには、

○サイサイニ。

再々に。

があります。「再々におせわになります。」といった気分のものでした。

東北地方となると、

○オバンデ。

お晩。

というのが、夜の路上でよく聞かれます。簡潔この上なく、しかも気分適確のものですね。
「晩」ということばは、諸地方で、よく、あいさつことばに活用されていましょう。
○晩ジマシテ。
など。――「晩ジル」という動詞もつくられたのですね。けっこうです。

3 あいさつことばの必要・不必要

そんなに一々あいさつしなくてもいいじゃないかという意見もあります。形式じゃないか、とも思われています。

が、私はやはり、あいさつことばは必要だと思います。知った者どうしが出あっても、コックリと頭を下げあうだけでは、やはり殺風景すぎるのではないでしょうか。

たいせつなのは心です。きまり文句も、心から言えば、これはやはりよいものになります。

もし、この世にあいさつ習慣がなかったらと考えてみますと、あいさつ、あいさつことばのだいじさが、よくわかります。あいさつには、やはり、心がこもるのですね。

あいさつ・あいさつことばは、人間接触のだいじさをよく表徴するものでありましょう。

4　方言人のすなおな話しかた

方言の中の人たちには、――ことに年輩者たちには、私どもがびっくりするほどに、ものごとをわかりやすく表現してくれることがあります。

広島県備後奥地でのことですが、

○コシガ　イタマル　カネー。

　　腰が痛くなるかねえ。

とのことばづかいが聞かれました。「イタク　ナル」がいっぺんに「イタマル」と言いあらわされています。

人々がほとんど言わないことばを、この人は、さっと言いあらわしています。――〝バトミントンをしたら、腰が痛くなりはしないかねえ。〟と、憂いの気もちを表現して、この人は、「イタマル」との言いかたを、ぱっと、してのけたのでした。

思いつきでも考案でもよいでしょう。心にうかぶことばを、ぱっと出してみるというのも、私はよいことだと思います。

日本語、すなわち母語は、その「母」の子である私どもが、思いっきり自由につかってみてもよいのですね。心まかせに、大胆に、母語に乗っかっていくことが、今日もたいせつだと思います。

5 話す姿勢

ここでは、姿・形の姿勢よりも、心もちでのことを言いたいのです。

ほどほどの年輩者になると、話す姿勢が、えてして高くなりがちではないでしょうか。年若い、経験もすくない人たちを前にしたばあいなど、年輩者は、話し手として、ややとも姿勢を高くしがちでもありましょうか。

老年の私は、今、朝晩の路上で学童たちと行きかうのを大きいたのしみとしています。相手がたが、ことに小学校低学年生たちともなりますと、無邪気いっぱい、思いのままのことばを語りかけてくれます。背たけの、より高い私は、腰をかがめて対話にいそしみます。会話世界の幸福というものを、私は、この時、つよく感じるのであります。寒い冬の夕がたも、あえて道ばたに出て、学童さんたちの帰りを迎えます。

世上の評論界には、経済評論家とか何々評論家とかがあって、いわゆる評論家の出が見られます。ほどほどのところで、この評論家が論席に立たれたとしますか。えてして聞かれるのが、その、高い姿勢からの説得調です。これは、文字通りの有効にはなりがたいようです。対話は、対の姿勢で話《わ》することが、まさに美しいものではないでしょうか。これが、おくゆかしいものにもなってきます。

6 よい話し

平板調のスピーチが長くつづくのは、中みはともかく、「よい話し」とは言えないでしょう。流暢そのものの話しぶりにも、ときにとって、私どもが、小くびをかしげたくなるような時があります。

安心のできる「よい話し」は、

おのずから誠心の流通するものではないでしょうか。

「誠心の流通」を思う心は、控えめの、沈潜した心でしょうか。

「よい話し」を聞きとめた、貴重な経験があります。NHK国語講座で、国語の先生がお話しをなさった時のことです。

いとぐちのところで、先生はまず、ご自分の経験をもまじえながら、漢文というものの学習が、厄介な、いやなものでもあることを言われ、聞き手の生徒諸君への同情のお話しを、おもしろく展開されました。

お話しが進んで、「長恨歌」の長い詩が問題にされることになりました。かつて高校生であったこの先生が、教室の先生とともに、長恨歌の第一行を読んで、はっとおどろかれたそうです。長い長恨歌への目が、ぱっと開けたとのことでした。

この気もちを述べられたところが、聞き手の高校生たちをぐっとひきたてたように、私には思われたのです。導入の話しかたなどというのも、くふうしだいでは、たいへんな効果をもたらすものなのですね。

私は、先生のお話しぶりにひき入れられ、放送の全体を、思い入れ深くうけたまわったしだいであります。

最後に私のまとめた感想は、つぎのようなものでした。

一つ。接続詞や副詞のつかいかたが、じつに的確でした。――表現論理の直進です。

二つ。脱線しても、適所で、すぐにそのわけを言われました。――脱線途上でも、全体の表現論理は、すこしもゆらぎませんでした。

三つ。けっして、ありきたりの語や語句におぼれませんでした。

四つ。お話しの各所に、聴者への思いやりの敦さがうかがわれました。

五つ。しかもよく、相手をよく見ぬいていられ、お話しは停滞せず、ご発表は平静そのものでした。

六つ。おのずから、説得の精神の流露しているのがうかがわれ、ご準備の深到さが思われました。

つけそえ

一　個々文が、すっくと直立していました。(たおれた態のものは、一つもありませんでした。)
二　「、」「。」を打ったとしますか。お話しの文章全体にわたって、その「、」「。」が、じつにはっきりとしていました。
三　「文」と「文」との対応がよくて、表現は、人の闊歩のように、いきおいよく進展していきました。

「アノー」はもちろんのこと、「エー」も、全然出ませんでした。

「話すこと」一つをとってみても、私には、「ことばの生活」のむずかしさが痛感されます。文章表現の芸術にもなりうるような〝よい話し〟など、いつになったらできることなのでしょうか。――私には、永遠の課題です。

7 発音の美にあそぶ

このせつ、私は、ふとしたことから、自分の話す生活にも「発音の美」の展開があるのだと思うようになりました。――おそい気づきですが。

すべての言語音は、口中で製造され、口から発出されます。その発出言語音の、なんとくさぐさの音声を表示することでしょうか。それがみな、わが口中・口内で製造されているのですからおどろきです。今さらながら、私は、おおいにおどろくしだいであります。口内は、発音のために、よくも機微なはたらきをしてくれるものだなあと思うのです。

たった一つのこの口内だのに、と申しますが、上顎だけをとってみても、前歯の裏から上顎の奥天井の喉まめまで、ことかわった発音場所がならんでいます。なるほど、これなら、もろ〳〵の妙音が製作されるわけですね。といっても、ここには、舌なるものの、さまざまの局所をつかっての微妙なはたらきがあります。

私は、発音の機微・微妙を、「人間の力」として敬愛します。また、言うところの微妙を鑑賞しつつ、生産されるさまざまの語音が美しい世界をなしているのを仰ぎ見ます。

かくして、私は、ここでも、「言語愛」とか「人間愛」とかのことばを思いだすのです。

これから、私も、できるだけたびたび、自己の口内と語りあい、そのつど、よくお礼も申していくようにしたいと思います。

8 ことばの音感

ことばには、みな、音感〈オンの感じ〉があります。

もみじ〔mo mi ʒi〕

というのは、音の感じがいいですね。「もみじ」は三音節から成っています。その等時的な音節が、〔o i i〕という母音配列になっています。広母音〔o〕が出て、つぎに、〔i〕〔i〕との狭母音連出があります。

「もみじ」の「みじ」が、じつに繊細な美感をあらわしていますね。

「すずり」（硯）というのはどうでしょう。

「ちどり」（千鳥）というのは？

〔u〕なり〔i〕なりは、語の音感を大きく左右するものでしょう。

「すき」（好き）〔su ki〕
ということばも、すきらしいものではないでしょうか。

9 声の上げ下げ

むこうに「佐野さん」がいたとします。こちらの人が「佐野さん」をよびます。その声について考えてみましょう。

サノサン。
サノサン。

との、二とおりのよびかたが、まずは考えられましょうか。どういう時に、どちらのよびかたがなされるのでしょう。

「距離」の点から考えてみます。「サノサン。」とのよびかたは、相手がすぐ近くにいる時など、ふさわしい「声の上げ下げ」ではないでしょうか。やや遠くの「佐野さん」をよぶのなら、

サノサン

となるのではないでしょうか。

「用件」しだいでは、おりいってたのむような気もちの時、「サノサン。」ともなりましょう。でも、

小声でたのむとなると、「サノサン。」ともなりますか。

「身分・地位関係」の点では、どう考えられましょうか。相手が目上の人のばあい、「サノサン。」と言うことは、まず稀なのではないでしょうか。

「場面の性質」という点では、よびかけが、どうなりましょうか。重要な会話をしんみりとしようとする時は、どちらかといえば、「サノサン」の、ゆるい言いかたをするでしょうか。

音の上げ下げ一つも、ずいぶん、会話の諸条件にかかわってきます。諸条件を満たした上げ下げをとなりますと、これは、容易なことではありません。

というわけで、音の上げ下げが重要です。

⑩　声の美しさ

これはよいことに相違ありませんね。

人々みな、声が美しいのはよいことだとするでしょう。

が、人々に、その持ちまえの声があります。人によって、多少ずつは、みな相違があり、単純に「美しい声」とは言いかねるばあいがすくなくもないでしょう。

声は心の声。よく心があらわされていれば、それはみな美しいのではないでしょうか。

あの浪曲師のばあいを思いだしてください。中には、しわがれ声の、かなりはなはだしいばあいもあります。高名の浪曲師の特定的なしわがれた声、よく聞かれますね。その人が若い娘さんを演じて、よよと泣くような場面もあります。多くの聞き手たちは、みなそれにひかれて、もらい泣きもせんばかりになったりもします。この時、しわがれていても、声はまったくよい声なのですね。よければ、これも一面、美しい声でしょう。

⑪　テレビ・ラジオでことばを学ぶ

テレビ・ラジオから流れ出てくることばの、なんと多いことでしょうか。この中から、自分のためになること・ものを、私は、できるだけ多く受けとろうとしています。

よいものもわるいものも、みな、自分への教えと心得たら、すべてはありがたいことになりますね。〝あのようには言うまい。〟と思いとっても、その自覚が、ずいぶんためになります。

思わぬところで、しんみりと教えられる、すぐれた「ことばの生活」ぶりに接することがありますね。放送の毎日が、私には、ことばを考えさせてくださる毎日です。

第二節　聞く生活

これは、「話す生活」以上にむずかしいことではないでしょうか。〝話し半分に聞いて、〟とかいうのは、聞く生活の、通常のわるさを言うものですね。「聞く」は受身で、多少とも控えるたちばのことになりますから、人間自然の生活からしては、これが厄介なことになるのでしょう。

訴えたいこともすくなくない子どもには、〝ちっとも聞いてくれないんだから。〟と、小さいころから、不満の表現があります。

聞いて責任はちっとも持たないというのが、おとなの世界にありましょう。

いずれにしても、聞くという人間行動は、なまやさしいものではないことが思われます。

口頭試問などで、問いを設けて、その発表を聞くということがありますね。この聞くがわに、「うわの空」のことがあります。発表者がかわいそうですね。

「聞く」は、よく相手の次元に立ってということを心すべきではないでしょうか。小さな子相手のばあい、おとなが、それはそれは心深く腰をかがめて、顔をおしつけんばかりにして聞いているのを見かけることがありますね。ほほえましい光景！　聞き手は、己の存立の次元を下げるほど、上等の聞き手になれることでしょう。

すぐれた聞き手は、あいづちその他の発言ぶりがすぐれているでしょう。過剰な応答辞は禁物としているでしょう。

慣用の応答辞に、「はい。」・「へえ。」・「うん。」・「おお。」・「いいえ。」・「いえ。」・「いや。」などがありましょう。方言形には、「インゲ。」（いいえ。）などもあります。

応答辞一つが、じつにだいじですね。これをしくじって、相手を怒らせたり悲しませたりしてしまうことの、世になんと多いことでしょうか。

朗読を聞く

聞いてたのしいものの一つに、すぐれた朗読があります。NHKラジオでは、朗読放送がつづけられています。私には、これを聞くたのしさ・ありがたさが、じつに大でした。

朗読放送の一つに、幸田露伴先生の随筆をとりあげての朗読がありました。そのいずれのばあいにも、私は、感銘絶大でした。いかにも、文豪の幸田露伴先生！　私は、この巨人の前にひれ伏す思いで、その朗読に聴従したのでした。

平成十二年三月、住井すゑさんの「河童」をとりあげての朗読放送がありました。白坂道子さんの名朗読に、私は、深くうたれたしだいです。私は、この時はじめて、住井さんのご文章の秀抜なのを知りました。

ちなみに、朗読者のご発音には、「ヒとシ」に関する、旧東京弁流のなまり音も聞かれて、私は、大よろこびをしました。

第三節　書く生活

書く生活、あるいは書くことが、たのしいものであってほしいですね。おっくうと感じることのない「書く生活」がのぞましいですね。

書くこと、心内を書きあらわすことは、真に自己を鍛えると思います。――そういうものであるゆえに、書くことは、心おもいしごとにもなるのでしょうか。それを、なんとか習慣づけて、多少ともたのしみを感じるしごとにしたいものです。

手紙一本、はがき一枚書くことが、ついつい延びくになります。おいしい物をパクッと頰ばるように、サッと書いてしまうことができにくいですね。が、その時の負担感もいやなものです。ここは一つ、書きかたを考えて、かんたんにすませる道をえらび、生活をらくにしていきたいものです。――「書きなぐる。」でも「書きとばす。」でもなく、「手みじかに書きおさめる。」ではどうでしょう。むかしの武将も、「おせん泣かすな。馬肥やせ。」とたよりしました。

ちょっとしたきっかけで、書くことの手がるさをおぼえることが、あるのではないでしょうか。手がるさが、やがてたのしみにもなってくればなによりです。

書くことは、読むこと以上に、自己の内面をよく鍛えてくれるのではないでしょうか。

私は、カード法と称して、小紙片にすぐ書きつける生活をはじめて以来、書くことが、勇ましくなりました。これは、「たのしくなりました。」と申してもよいくらいです。生活上の、研究上の、大小の考案・思いつきが、すぐに「書きつける」になってしまうのです。で、私に、記憶ということばがなくなりました。（書いてあれば、いつでも見られますから。）こうなって、生活の重点が、いよいよ「書く」にかかってきました。今では、そうあるのが、気もちよいのです。

カード法の大先覚

柳田国男先生!!

私が広島高等師範学校生徒の二年生になった時、方言の東條 操先生のご来任がありました。先生は、私が瀬戸内海の大三島の出身であることを知られると、〝大三島は方言の宝庫だ。〟とおっしゃり、早くも先生の『方言採集手帖』をお持たせになりました。やがては、柳田国男先生に私のことをお話しくだされ、柳田先生から、方言に関する先生のご論文の抜刷三部を、私は仰ぎいただくことになりました。

かくて後日、東京、先生の御もとに推参いたしますと、大きいご書斎の中で、先生のお机のそばに、先生の書きつけられた方言カードのたくさんを拝見いたすことができました。

この時、私は、大先生お手ずからカード記録をなさっていらっしゃることに、深く感激いたし、以後、いよいよ熱心にカード法に赴くことになりました。

幸田露伴先生!!

土橋利彦氏筆記の、幸田露伴先生ご口述『音幻論』（昭和二十二年五月）によれば、幸田先生は、お枕もとのガラス障子のガラスに、先生のお書きつけのある紙片を、いくつもお貼りつけになっていたよしであります。

露伴先生は、ご病床にあっても、障子のガラスを利用され、カード法を実践せられたのでしょうか。

漢字利用は積極的に

「かな・カナ」でやさしくわかりやすく（わかり早く）、と思う半面、漢字を積極的に利用・活用することも、重んじたいものです。

漢字は意字（意味をあらわす文字）です。その表現力が大です。はたらきが大きいです。「かな・カナ」の比ではありません。これの利用を、存分に、のび〱と考えましょう。私は、「避ける」との書きかたをしています。やさしく「さける」ともしたいのですが、そうしますと、「裂ける」か「避ける」かわからないことにもなります。これは生活上こまりますので、生活上の便利を考えて、「避」を使います。

「当用漢字」が制定されたらともありますね。私は、その趣旨には賛成しつつも、制定の限定にはしたがいませんでした。——（今、「したがい」と書いて、「従い」とは書きませんでした。かながきでも、他との混乱などはおこりません。）

意字の漢字を、思いきって存分に使いますと、たのしいことがだん〱できます。「雅」という字をつかって、「雅純」とか「温雅」とかいうことばをこしらえてもよいのではありませんか。私は、「正雅」との言いかたもしています。「識」に関して、「明識」との言いかたをしてはどうでしょう。「求」に関しては、「尋求」などとも言ってみることができます。こうして、漢字を利用するたびに、その自在な活用を思いおこし、自由に漢語を作っていきますと、文章をつづっていく心に、はずみがつきます。漢字にこまらされるのではなくて、漢字を思いきり自由にとりあつかうことが、活気ある表現生活をきたします。

旧時には、これを念として、はめをはずすほどだったこともあります。そんな時、中国文学の友人に電話をかけて、こんなにしてもいい？　と教えを乞うたりしました。友人は、〝中国の古今の辞書にもないが、まあ、つかってみてもいいんじゃないかなどと指導してくれました。あとになって、〝あのことばが、だれそれの詩集の中に出ていたと教示してくれたこともあります。

漢字という特別の文字を思いきり活用していくことによって、私ども、自己の表現生活を、より発展的なものにしていきましょう。

第四節　読む生活

これは、書く生活にくらべたら、やや気らくなものですね。それだけに、す通り的なものにもなりがちです。

むかしは、「読書を百ぺんもやれば、意味はおのずからわかってくる。」（読書百遍、意自通。）とも言われて、読むことが重要視されました。寺子屋でも、『大学』や『中庸』などの素読が、先生の口移しで励行されたようです。「すぐにわからなくても、読ませればいいんだ！」ということだったでしょうか。そのうち、ほのぼのとわかってくるもののあることが、期待されたようです。

今日、読むことが、とかく表面的なものになりがちでしょうか。表面的なものとされがちでもありましょうか。この点は、残念しごくです。やはり深読がだいじですね。

〝多読〟あるいは〝濫読〟がありますが、これらも、愛読の変態と変えて、読みを、要するに、教養を高める、深いしごとにしたいものです。

この時だいじなのが、読む生活と書く生活との配合ではないでしょうか。配合のわりあいは、むずかしいことですが、「読む七・書きあらわす三」などであってはどうでしょう。

私の長女は、専門学校生徒時代、それこそ読みに読みました。その文庫本の書棚は、今もみごとなものです。その読書生活の効果は、今も認めざるを得ないものがありますが、おやばかの私は、なお、書いてもいてもらいたかったのです。——こう思わずにはいられません。「読む」・「書く」二者の相助性は、たしかにだいじだと考えられます。

真に教養の名に価するものを身につけるには、私ども、いくえにも考えとらなくてはならないもの・ことがあるように思われます。

言語生活に大胆さを

私どもは、「言語の生活」者として、みのりゆたかな、発展的な言語生活をしていきたいものだと思います。

かつて、画家のことばにいたく惹かれたことがあります。その人は、

〝イメージをぶっつけて画にする！〟

と言われました。そして、自由奔放を強調されました。エネルギーを、ぶっつけるように発散していくよう、とも言われました。――自在さと言えば、申し分のない、広やかで深い自在さでありましょう。私ども言語学徒も、言語を学するのに、上述のような自在さがあってしかるべきだと思うのです。私など、一方言学徒として、自分自身に、

〝もっともっと大胆に、おのれの自在さを発揮していけよ。〟

と言わなくてはなりません。

さて、言語学徒である前に、私は、言語に生きる一人間です。ことばをつかう人間として、私は、イメージをぶっつけていくように、言語を発揚させていきたいものだと思います。

学の形成は、無限のものでありましょう。無限に伸びゆく明日を目ざして、勇敢に大胆に、学していかなくてはなりません。それとともに、学する人間の一人として、私の、話し、聞き、書き、読む毎日の生活も、いわば大胆で、かつ静かに積極的なものでなくてはならないと思うのです。

一つの文章論

目次

前書き
第一章　文と文章
第二章　文章にあっての変〈静〉と不変と
――そこにながれる論理性・心理性――
第三章　日本語文表現「意味作用」の特性
――文末決定性――
第四章　文字づかい
第五章　文表現上の句読点、諸符号・諸文字
第六章　文章にあっての段落（文段）
第七章　自分の文章
第八章　文章のタメ表現論の精神を
A　文章への静粛な対応
B　短文化の用意を
C　文章制作は一点凝視の心で――私の自戒
付　章　文章生活のためのカード法
A　言語（国語）（方言）研究のためのカード法
B　カード法のための用紙づくり
C　カード法とともに生きる日々
D　文章制作もまたカード法で
余　録

前書き

私は、かねて、「文章の論」を書きたいと思ってきた。

ところで、世に文章論の『書』は多い。文章論関係の諸本、十三冊が、すでに私の座右にある。

この中を、どうかけぬけて行って、自分のものを書物の形にしていくか。たいへんなことである。

かねて私が尊重してきた一書は、向井敏氏『文章読本』である。文章論を考え、文章論の本を読んできて、私は、向井さん本のところで、感嘆の思いを深くした。

先般、テレビで聞いた向井敏氏おくさんのお話しには、こうあった。

〝一行を書くのに、三日うんうん言って、〟

そうだったのかと、私は、向井氏『文章読本』に、あらためて最敬礼した。


「行きづまった時とか、こまった時とかは、それが、己の出発のよいチャンスになるのだ。」といったようなことばがあったかと思う。とすると、今は私も、「吾も行かん。」と言いたくなる。

思えば、私も、中年の、若い気分のころ、大内兵衛先生や宮沢俊義先生のお書きになるものにうちこんだことがある。やがてまた、南原繁先生のお書きになるものに目をとどめるようにもなった。(『南原繁著作集』を買いもとめることにもなったしだいである。）

やがて、幸田露伴先生の文章に傾倒するようになった。ついでは、幸田文さんのお書きになるものに目をそそいだ。

さかのぼって、古典の種々のものにも、「文章」という気もちで、近づいて行こうとした。一つ、蕪村の俳句にほれこんだのもこのころである。

余談であるが、かつての『教育勅語』は、じつにりっぱな文章であると思う。

源氏物語の、出てくるセンテンス・センテンスが、多くは長文であるのに、いずれもが垂直に立って、つゆもゆるぐところがない。あれだけの長篇であるのに、終始一貫、よくもこのように、垂直長文が姿よく立ちならんでいることよ！

第一章　文と文章

第一節

文は、訴えの単位形式である。

対人的な文は、かならず「。」で決定表記されるべきものである。（「。」表記しない習慣の人もあるけれども。）

現実の文は、要するに表現体である。それゆえ、文は「文表現」とされる。

第二節

一文表現こっきりであっても、それが、人間の表白の完結体であるかぎり、「文章」とされる。――ことばの生きた現実態だからである。「菜の花や　月は東に　日は西に」との一句でも、これが表現形であるゆえ、文章と見ることができる。

通常は、あるいは多くは、「単文」連続の表現完結体が文章とされている。（できふできなどは別として。）

第三節

「主・述」一回

○私は行きたい。

○誰？　〈主部相当のものの文〉

○知りません。　〈述部相当のものの文〉

○どしどし。　〈副詞から成る文〉

○アーア。　〈感動詞から成る文〉

「主・述」二回

○あなたは行っても、私は行かないんだ。

通常、文章は、二文以上の連結体である。（これが、表現としては、自然一体者になっている。）

和歌は、「なにごとの　おはしますかは　しらねども　かたじけなさに　なみだこぼるる。」のように、文形を成している。また、「きわという　母の名の駅　見いだしぬ。小郡近き　浜の松原。」のように文章形を成してもいる。

談話発表のばあいにも、たとえば、さる弁論大会で、一青年が、

○云々………。然るに。〈はっきり止めて大休止。つぎ新展開。〉

との言いかたをした。これの「然るに」が、前文表現に対立して、独立の第二センテンスになっていた。

――前後二者を見わたす時、ここに、二文表現より成る文章があるとされる。

一文表現の「文章」があり、二文以上の連結体の文章がある。

文章そのものとしては、上の二者は、等価値的である。

第二章　文章にあっての変〈静〉と不変と〜そこにながれる論理性・心理性〜

前おき

もう二十年も前に、私が、広島女学院大学の教室でまじわった学生の、村上郁子さん。このかたから、先日、大きい封筒で、たくさんの刷り物が届いた。中にお手紙があって、ずっと文筆にしたしんでいる旨のお知らせがあった。

お手紙とともに、二・三の作品が送られた。

私は、一気に諸作品を通読し得て、今、所感を述べようとしている。題するところは、「変と不変」である。私は、村上さんの文章に、論理性と心理性との起伏しあうのを見、文章にあっての「変と不変」というだいじな条件を味読した。

与えられた印刷物に、『私の地球《やまぐち》　秋の号』があった。これに、村上さんの、「語学と　西洋科学への目覚め」（三行書き）という文章がのせられている。つぎに、これの最初の一段落をのせよう。

中嶋治平は、文政六年（一八二三）、萩藩御船倉付きの朝鮮通詞《つうじ》を勤める三郎右衛門・正貞の長男として萩の浜崎新町に生まれた。朝鮮通詞は、朝鮮から北浦に流れ着いた漂着民を長崎に送り届ける際のいわば通訳であり、治平の家では彼の祖父の代からこの任を負っていた。治平の記録は三十四歳までのものはほとんど残されていないが、家業ともいえる朝鮮語は幼少期より父に付いて修得していたという。また、漢学・書道・和歌・俳句にも親しみ、絵画は円山派の画家・森寛斎のもとで学んでいた。

私は、すこしもよどまず、これを通読することができた。そして、「一文」・「一文」のまとまった表現と、おのおののむすびの「いた。」・「という。」・「いた。」というのに感服した。なんという、気もちのよい書きぶりであることかと思った。

つぎに、与えられた『ピュアネット《やまぐち女性財団情報のひろば》』(2000. 7 Vol. 17) では、コラム欄に、村上さんの、「まだ間に合うかもしれない」という文章がのせられている。これの書きだしはこうである。

　今年もはや、折り返し地点だが、世間では殺伐たる事件が続いている。特に青少年によるさまざまな犯罪には、言葉を失ってしまう。文字どおりの世紀末。一体、どうすればいいんだ!

短文表現が美しい。

　……………ている。…………………てしまう。文字どおりの世紀末。一体、どうすればいいんだ!

「世紀末。」との文終止法がじつによくきいている。――前文の「てしまう。」との対応のみごとさ。「一体、」の存立も、申しぶんがない。最後センテンスの「いいんだ!」、これが、前二文の終止語句とみごとに対応している。

書ける人だなあと、私はつよく思ったことである。

つぎに読みとおしたのが、「心に響く、やすらぎのある風景・山里を撮り続ける」との文章である。写真家、岡本良治氏について書かれたもの。

この文章では、まず、書き出しの、

松江市街から車で約15分、その名もゆかしい八雲村に暮らす写真家・岡本良治さん（40歳）。

とある「。」に注目した。

つぎの長いセンテンスは、「ている。」どめである。そのつぎのセンテンスになると、「仕事を経て独立・帰郷。」とあって、また名詞どめ。つぎのセンテンスは、「発表してきた。」というとめかた。このつぎには、

北海道、信州、沖縄…。

とある。また名詞どめである。

つぎのセンテンスは、「らしい。」でむすばれている。そのつぎのセンテンスになると、「遠征にも参加。」とあって、また名詞どめ。これを受けてのつぎのセンテンスは、「あるとか。」というとめかた。

つぎのセンテンスは、

つまり、ダイナミックな風景を文字どおり体感してきた人、といえよう。

となっている。

「といえよう。」とあるセンテンスのつぎは、「という。」どめセンテンスである。

つぎは、「というわけだ。」におわっている。

つぎは、「た。」どめのセンテンスである。

こうあって、つぎは、

タイトルはズバリ、「山里そのまま」。

とある。

このあと、「梅、」どめ、「棚田、」どめ、「木、」どめがきて、「音もなく降る雪をただ受けとめてたたずむ茅葺き屋根の民家…。」とある。

この手法が、下方で、さらに、

広島市北部の山里で過ごした子供時代を振り返って「土を食べたことはないけど、土の味はわかるんですよ」と、さらり。

ともある。

これのあと、

この感性が、季節の匂い、空気の湿り気、風のリズムなど言葉では表わせないディテールまでを優しく確かに写しとってゆく。

とあり、動詞「ゆく」が、まったく、安定を得た存立になっている。文章進行の堅実。——趣意は、読者に、すっきりとはいってくる。

第三章　日本語文表現「意味作用」の特性〜文末決定性〜

現代英語にあっては、たとえば、このようなことが言われている。

How can I thank you enough for all that you have done for me.

これに、意味作用上の、文末決定ならぬ文初決定が明らかである。簡潔な一例でいくと、

Do your best.

これを日本語にするなら、「最善をつくせ。」→文末決定。

自分が知らない時、英語は「I don't know.」で、日本語は、

○私は知りません。

この文表現に、表現内容の文初決定的なものは、なんら示されていない。

○あすは東京へ行きます。

これとても同様。〈文表現の文初決定的なものは見せていない。〉

○あすは東京へ

とまで述べたことばは、

行くつもりでいましたが、

などとつづけることができ、さては、
　つごうで、やめることになって、つぎの用意にかかっていましたところ、翌日また、東京へ出むく
　　はこびになりました。
などと、ことばが開けつづき、文表現は、延伸に延伸、文末決定性の事実をあらわにする。
日本語「文表現」の本性は、じつに、このようなものである。
簡単な事例もあげてみよう。
○おれにそれをくれろ。
○Give me it.
日本語「文」表現は、あくまで、文末決定性のものである。
○Don, t mention it.
これに、文初決定が明らかであろう。日本語だと、どうしても、「それ」がはじめに来る。――とな
って、動詞的表現は最後である。
「あすはいよいよ出かけるのだと思うと、急にそわそわしてきて、あれこれのやりかけていたことの
かたづけにかかった。」との一文があったとする。これは、
　あすはいよいよ出かける日だ。と思うと、急にそわそわしてきた。あれこれのやりかけのかたづけ
　にかかった。
に、くぎることもできる。が、そうしてみても、文脈はやはり「長文」的である。
〔私どもは、長文表現を短文表現にするとなったら、ずいぶん悩まなくてはならない。〕

センテンスの下方延伸の長大性は、世界の諸言語の中にあって、日本語の大特質ではないか。いつか、通訳をする人の経験談に、〝中国文章は日本の四割の長さ〟とあったかと思う。ともかく日本語のセンテンスは、いちじるしく延伸性のものである。

※　※　※

私どもは、日本語に生きる者として、日本語活用の明晰を期すべきである。

一つには、どうしても、「文表現」短文化に努力する必要がある。これには、修飾表現にたえず注意すべきであろう。

漢字かなまじり文にあっては、漢字を心ぶかく活用することによって、文表現の長文化を、多少とも防ぐことができよう。

長文も、途中の読点は不要というようなできのものであったらよいのではないか。旧時の文豪にも、句読点いっさいなしの文章を発表せられたかたがある。

段落と段落の対応がよろしいようであるならば、段落内の文表現連続も、相互間の対応のよいものになっていよう。

文表現は、大所・高所からも、厳密に見つめられるべきものにちがいない。

第四章　文字づかい

文・文章を書くとなっては、文字をつかう。符号もつかう。
今は、文字づかいを問題にしよう。

文字に、かなと漢字とがある。文・文章を書くうえでの文字づかいとなっては、つねに、漢字・かなのつかいわけが問題になってくる。

さて、私に、かねて、『漢字かなつかいわけ辞典』（一九九一年七月二十日　初版発行）の発表がある。これには、見開きに、

表記の世界　表現の世界

表記が思惟を深くし、
表記が思考を進歩させる

としてある。

このページの裏がわ、下端には、

表記を考えるところから、
雅醇な日本語文表現へ。

とある。

つぎに、「内容」とあるページには、

提　言
表記大則
凡　例
本文
小会話（表記について）
適正表記
美しい日本語表現のために――表記を――
句読点（。、のつかいかた）

との記載が見える。
つぎのつぎの新しいページには、「表記大則」Ⅰ〜Ⅷがかかげられている。
Ⅰには、
　文字も符号も利用活用。
とある。Ⅹには、
　自己の必要とするところでは、**常用漢字表**の外の漢字もつかってみる。
　新漢字の造出にも進む。
とある。

　本文「あ」の最初ページには、

「あい応じる」「あい通う」「あいきょう　愛嬌」「愛くるしい」「あいことば」「あいさつ　挨拶」

「あいず」「あいそ」

があげられている。——おのおのにつき、

「あい応じて」など。「相〜」とはしない。

　「応」はこのさい音よみになるが、慣用例として認める。

などと、説明が付されている。

私の座右にそなえているものに、「正書法の栞」というのがある。昭和48年、51年訂、60年増訂のものである。

※　※　※

「あ」の部が、六十六項目ある。そのはじめのいくらかを、つぎにかかげてみる。

あい応じる　　会う
あい通う　　合う・あう
あいさつ　　《～し》あう
あいそ・あいそう　　青ガ島
あいだ・間　　あがる・上がる
間がら　　明るい
あいついで　　秋祭り
相手　　明らか
あいならぶ　　飽く
あい類した　　開け閉て

「正書法の栞」としたものの総分量は、B5版レポート用紙十四枚分である。

第五章　文表現上の句読点、諸符号・諸文字

個の文章表現者によって、一文・一文が書きのべられていく。この時、一文ごとに、末尾には、句点「。」がつけられる。が、人によっては、つけないこともあり、つけない人もある。不規則に、つけたりつけなかったりする人もある。恩師東條操先生は、かなりしばしば、文章中に、読点なしの文表現をされた。（句点には頓着なしのおもむきがあった。）

（文章に、断続の心がはたらいていれば、その作者には、句読点など、ただのつけそえにすぎないものでもあるのだろうか。）

特別の文章、たとえば祝詞《のりと》の類などに、一々の「。」はつけられていないのではないか。

谷崎潤一郎氏は、『春琴抄』で、句読点の少ないものを発表されたことがあったかと思う。

※　※　※

一般論としては、句読点に関して、句読法を思惟することもできる。

一センテンス、ことに、長いセンテンスがあったとするか。おおかたの読者にとっては、読点がほしいであろう。（句読点は、通読のよきあしがかりになる。）

句読法を合理的に考えること、これが肝要なのではないか。私は、つぎのように考える。

▽「一文」が、読点によってくぎられたばあいは、分別されたおのおの、等価値的につりあうことが理想とされる。

「福島県下の方言状態はその東南部のが関東東北部方言状態にかなりよくつらなってもいる。」との一文があったとする。これはどのようにくぎられるべきであろうか。一案、つぎのはどうであろう。

「福島県下の方言状態は、その東南部のが、関東東北部方言状態に、かなりよくつらなってもいる。」

私どもの文章での、個々の「文」の出現は、かなり複雑なものにもなってきがちである。そこで、よき読点をほどこしぬくことは、容易でない。ここに、書く人の、句読点とのよき戦いがある。主述関係をあいまいにするような読点があったりしてはならない。

——読点によってくぎられた各部分が、均等の重さを示しきるまでの「書く努力」は、なみなみならぬしごとになっていく。

諸符号

「!、!!、?、!?、」などがある。「▽、△」などもつかえる。「……」なども「〜」なども。

創作していろいろにつかえば、文表現上の思い・意欲の高まっていくのをまともにあらわすことができる。

諸文字

平かなまじり文には、カタカナ書きのことばをなど。ローマ字書きなどを点在させてみるのもおもしろい。

第六章　文章にあっての段落（文段）

段落づけは、文章の息づかいを示すものである。

人は、段落立て表現にしたがいながら文章を表現していく。

ところで、世には「ＮＯ段落」の文章もあらわれている。かつて私の見たものには、小さな活字一ページ分のおよそ全体が「ＮＯ段落」徹底のものであった。

　ところで、この時、ここまでの徹底を通された筆者の真意というものに、私は、特別の敬意をあらわしたのであった。文章創作の苦辛は、こういうふうにもなっていくものか、と思ったしだいである。


一般論としては、表現に抑揚は必至と言えよう。したがってまた文章表現にも、抑揚の必至に応じて、これに対応する段落処置がとられることも、然るべしとされよう。

文章進行は、おのずから抑揚波の進行になっていくか。

人が、段落という表記手法を発見したのは、文章表現のため、はなはだよろこぶべきことだったとされる。

文章は段落進行のものである。

段落に大小がある。これは、表現者の息づかいでもある。各段落に主文を認めて、主文比較により、段落の大小を見ていくのもおもしろい。

段落の大小によって、諸段落間の起伏状況があらわになる。──→こういう段落状況を見取るのには、各段落内の主文に注目するのがよかろう。これによって、私どもは、諸段落間の大小状況を、あやまりなく見取ることができる。

最後に、段落対応の妙が読みとられるようであるならば、その文章表現は上等だとされよう。人は、だれしも、一個の文章をつづるにあたっては、書きだしとしめくくりとの対応には、特別の注意をはらうに相違ない。

ここには、古文の平家物語のばあいを一つとりたててみる。

平家物語のはじめにある「祇園精舎」のつぎには、「殿上の闇討」がある。かなり長い文章であるが、これを初段落と末段落とは、読みあわせてみて、なるほど、と痛感させられる。

初段落は、「然るに忠盛、未だ備前の守たりし時、云々。忠盛を闇討にせんとぞ、擬せられける。」とあって、さほど長くないが、末段落は、「案の如く、」からはじまって、「云々、敢て罪科の沙汰はなかりけり。」にいたる長段落である。ここで、前・後の両段落の対応の妙は、容易に味わいとることができる。末段落は、このように長文章化しつつも、ついに、初段落との対応をみごとに表現し得ているのは、私など、敬意を表してやまない。

一般には、こういうことも言えようか。

段落には中心柱があって段落展開が自然的なものになっていく。こういう確固とした段落が他の諸段落に対しても、対応よろしきものになっていく。

第七章　自分の文章

現実の文章は、まずもって個々の作者に内在する。文章はその筆者個人の息づかいのようなものであり、歩きっぷりのようなものでもある。つまり、文章は本質的に個性的なものである。

個性所産の文章は、胸中から口外に（あるいは筆さきに）出起するまでに、――ほとんど瞬間的ながら、改進されていく。進展せしめられていく。この進歩（新歩）の、個性的なものであって発展的なものであることが、書く人間にとって、書くことのさいわいとされるものである。

己の文章は、己の生活に生きる草木のようなものでもあろう。草木をいたわって水やりにもつとめていけば、草木もよくそだっていく。人間の文章も、生活をみがいていけば、納得のいく文章になっていく。

己の生活以上の文章を書くことはできない。生活を偽って文章を書いた時は、むろん、生きない、あるいは生きのわるい文章ができるばかりである。私どもは、とにもかくにも、文章を書くことにあたっては、己をぶちこむしかない。

文章制作は、人間にとって、懸命の作業になっていく。かんたんにひと筆書いても、それはそれなりに命のかかったものである。

（文章感は、どうしても、生活五感にもどる。）

思えば、文章制作は、よくよく、人間個性に根ざしたものである。それゆえ「文章」は無限に深いものにもなっていく。

もっとも、この無限性は、かんたんに得られるものではない。文章制作は、修訂無限である。改作無限である。改作進行が、自己にとっての、良文章を得ていく道になる。

その進行が、まっすぐなものであることを、一文章制作者の私は、祈る。

祈っても祈ってもとげられないのが、良文章の制作であろう。

喜憂のあいだを揺れていく文章制作よ、幸健なれ。この祈りのもとで、私も、書くたのしみを味わっていく。

それにしても、私の文章制作の結末が、世に出て、悪文章とされることがすくなくないであろう。

（自分自身がすでに、早くから、悪文の怖れに辟易している。）

けれども、私は、「悪文章」ゆえにでもあろうか、書くことに、つねにたのしさとよろこびとを感じている。私は書くことがすきである。

悪文が、いつも、私を、「書くこと」にかりたてている。そこに、書く私の、真剣な「自己」が生きている。今のところ、こうであれば、私は、書いていて、まずよいと思量している。

つくづく思う。「文章は『生』の事実である」と。

第八章　文章のタメ表現論の精神を

A　文章への静粛な対応

表現は、形式と内容との有機的統一体である。これをささえるものは、論理的思考でなくてはならない。——→根本としては、筆者自己の生活をみがくことが肝要とされる。その点、みがくところから、おのずと流露する文章を！　これを求める。

表現ということばの真義を忘れたり度外視したりしていたら、文章はできない。文章らしい文章はできてこない。

文章の発始、表現展開（表現発展）は、まさに、個の生活発展とされる。——その発展に即応して文章の表現発展がありうる。

ここに一人の研究者があったとするか。その人の研究計画は発展し、その研究は成長していく。いよいよつよく、いよいよ若々しい文章が表現されてもいく。

こういうところに、表現者の個性があらわであり、個性の輝きが明らかである。

個性に応じた表現の発展が、ここに認められる。

ここに、方言調査者藤原がある。彼は、生活語としての方言を調査するにあたって、つねに、人間表現の「文表現」を調査把握しようとしていく。上述の「表現論の精神」を旨として、文表現本位の調査にしたがう。

私どもは、国語国文の研究のためとして、由来、古典文章を対象にとることが多かった。これは、文章を書くこと一般のため、まことに有意義な作業であったとされる。文章は、読む者に、そのリズムを感得させるか。私どもは、日本語生活者の一人として、自己の文章のリズムをよくするためにも、古典文章にしたしむところがなくてはならない。

B　短文化の用意を

日本語の文表現は、文末決定性のものであり、したがって、表現形は長大化しがちである（しやすい）。論理的思考の静けさの中で文章を表現しようとする時、一つには、文表現長大化の反対、「短文化」の用意が肝要とされる。

といっても、いたずらに、「短くするため」を考えてはならない。表現意図の静粛な中で、おのずと、短文化がもたらされるようであればさいわいである。

センテンス短化の努力は、文章表現意図の静深の中でかもしだされるはずのものであろう。

私は、つねに、「自分の文章」について、個々のセンテンスの長大化しがちであるのを難点としている。――ややともすれば、センテンスの長大化を来たす。短文化の努力は、極限すれば、一生かけてしても、なおたりないことかと思われる。

源氏物語を見ると、長文（ロング・センテンス）のいとなみのさかんなのが認められる。しかもおどろかされるのは、これらの長文が、垂直に立っていることである。すこしも「たおれ姿」などにはならない。よくもこれだけ、垂直立の文表現がつらねられたものである。

私にも、長文を垂直に立てていくことは思念できるが、思って成らざるもの、これが私の文表現である。

ともあれ、私は、文章をつづる中、早く「。」がうちたいとの思念は、つねにさかんである。

短文法〈かりにこのことばをつかっておく。〉の中で、思惟・思考の表現の要語・要語句を、順序よく迎えてくることができたら、筆者、私自身は、なんとしあわせなことであろう。

C　文章制作は一点凝視の心で――私の自戒――

文章は、自己表現として、徹底させなくてはならないものであろう。

この点では、「一点凝視の心」がたいせつである。心内で、一点凝視徹底の努力がある時、天空に、まともな文章が見られるのではないか。

一点凝視徹底の時、そこに、論理的思考の静けさがあるとすることもできよう。

こういう「論理的思考の静けさ」をいう時、文表現上の係助詞や接続助詞の正用が、とりわけ重視される。(——「あの」の乱発など、論外である。)

付章　文章生活のためのカード法

「カード法」とは、カード使用・利用の諸方法を総称するものとする。文章の制作にあたって、この方法が、どのようにか関連しうる。

私にあっては、日常生活全般に、カード法が随伴している。今は、これを、「カード法一般」と考える。

カード法一般に、価値内容が高い。そのことによって、ものごとは、好発展を来たしうる。私は、生活諸般のカード化にあって、そういう価値内容の充実することを願っている。

※　※　※

カード法は、組織的統一をうながす。

カード法は、体系化を促進する。

組織的統一も体系化も、「速度よい」ものであってほしい。

A　言語（国語）（方言）研究のためのカード法

文章論上でのカード法を問題にする前に、私は、言語（国語）（方言）研究のためのカード法を問題にしたい。（――私は、これを、有力方法と心得ている。）言語関係の論文・著書のなにを制作するばあいにも、私は、いわゆるカード法にしたがっている。（私の研究生活はカード法の生活かとも思っている。）

B　カード法のための用紙づくり

私は、青年時、カード法を思いとったさい、貧嚢をふるって、カードを、刑務所内印刷所でつくってもらった。半紙四ツ切の物である。これに、二百字詰原稿用紙のていさいを印刷してもらった。紙面の両傍には、右に題目欄・年月欄その他を設け、左に項目欄・氏名欄などを設けた。

私は、外出するばあいはもちろん、旅出のばあいも、つねにカード用紙を持参した。衣服の左右ポケットに、こうした物を入れた。

こうしていれば、駅の待ち時間、ベンチにこしかけていても、カードにものを書きつけることができる。――じっさい、私は、よくこれをした。

さかんにカードをつかったので、貧嚢をはたいての印刷も、七度にわたっている。やはり刑務所印刷で、相当量つくってもらった。七度めのは大量であったため、今も、これによっている。

さて、いわゆる方言調査の場にあって、左手にカードを持ち、右手鉛筆でこれに書きつけていく時、たいていは、その場で、多量の書きつけをすることになるので、カードを持つ左手は、握力がよわってくる。そこで、私は、このカードを、さらにたて半分に切りわけることにしたのである。これだと、にぎりごこちがらくで、ちょうどよい。文例本位の方言記録には、これが、もってこいであった。今日も、室内でしごとをするさいも、半紙四分の一カードとともに、この半裁カードをも愛用している。

C　カードとともに生きる日々

「毎日が、カード利用の生活である。」とも言える。家の内の所々に、二とおりのカードがおかれている。――→寝どこにもこれがある。多少とも目ざめた気分でカード書きをやったりもする。その時、鉛筆があやふやに走りもするので、字になったりならなかったりのカードができてくる。朝、これを読むのも一興である。苦心して読みとろうとする時、妙に、一発想があったりもして愉快である。〈――書くということは、とにもかくにも考えることである。（まさに考えること！）〉
私にあってのカード利用の生活が、「カード法」という、勉強のしかたになっている。そういえば、受講のさいも、単純にノート書きをやるのではなくて、カードとりをやればよかったのにと、ながい年にわたったノートとり生活を反省する。
カード法こそは、私にとって、最上の「たのしい暮らし」。

今、室内のどこで私のカード群をつまんでみても、そこには、私の、一書にしたい構想の下地が見えている。

私の研究生活は、カード法生活である。

D　文章制作もまたカード法で

かつて、さる高名の小説家が、〝文章は下手なほどよろしい。〟と言われた。

私は、当時、著者の真意についていくことができなかったであろう。しかし今は、私なりのかってで、これによくついていくことができる。すなわち、文章のためのカード法で、真底の自己を掘りあげていこうとすれば、文章に上手も下手もなくなってくるからである。

真底の自己を見つめていく文章が書きたい。——上手とか下手とかのことばを避けて、真底の自己にしたがいたいものである。

※　※　※

明晰と雅醇

この言表によって、私は、かなり以前から、文章する心がけをあらわそうとしてきた。

明晰は、求めても求めても、卑力の達しうるところではない。

雅醇、これは、仰げば高く、さらに仰げばますます高くて、手が届かない。

しかし私は、かなり早くから、「明晰と雅醇」というまとめことばにとらわれてきた。高い次元の両者、「明晰」・「雅醇」との心得を、私は、およばずながら、だいじとしてきた。座右の銘ともしてきた。

「文章品格」尊重の心は、たしかに、ここでそだったように思う。

カード法で、文章の「明晰と雅醇」を！

余録

諸言語について、文表現論と文構造論とがありうる。

日・中・英につき、比較構造論・比較文表現論を試みてみては?!

このさい、私は、センテンス末部の特定品詞「文末詞」の有無を特論したい。──→これは、待遇表現論によく開けていく。

日本語は、世界の諸言語中、アジア東崖にあって、よくもこのように特異の言語構造を保有し得たものである。この構造保有とともに、文末決定性の文末詞という品詞を繁栄させている。このことがまた、世界の諸言語に冠絶している。

□ 表現法の世界は広い。

1 何にでも表現法がある。

2 精神の世界での「表現法の問題」は、特に注目される。

3 ここに、探求のしごとは無限である。

言語の学と文芸の学

目次

前おき
万葉の「籠毛與。」
源氏の文章
源氏文章での語詞美
㈠　接続助詞のかがやき
㈡　助詞のはたらき
源氏物語表現について
枕草子の文章
A　『枕草子』の超短文
B　作者の文章製作
枕草子　愛唱
訴えことばの「や」
その一『伊勢物語』の「飲まんとや。」
その二『古事記・日本書紀』の「あづまはや。」
蜻蛉日記の「なにか」
歌俳の世界
1　〔7―5＝2〕
2　和歌・俳句の姿
3　和歌・俳句の文末
4　表現美
「歌俳」などの短詩形の製作について
短詞形の文章――俳句の表現美――
承前　歌俳の文章
樋口一葉
露伴先生のおつかいになる「ことば」
五重塔
釣魚談一則
森鷗外　二題
一『森鷗外自筆　舞姫草稾』から
二『文づかひ　森鷗外自筆原稿』から
春琴抄
齋藤茂吉全集
會津八一全集
エドワード・サピア著『言語―ことばの研究序説―』

文芸の学を見る

そこへ　言語の学から橋をかけたい

かけ橋

橋よ　ちぢまれ　無くなれ

前おき

㈠

文芸の学と言語の学とは、二にして一でありましょう。双方は、「文章表現の学」として、統一的に見あつめられもしましょう。

私は、二者統合の見地を重要視したいのであります。

素朴な言いかたをすれば、両者はともに、文章を見るしごとであります。

人が文芸の学にしたがうばあい、言うまでもなく、文章――ことば――をたぐり読んでいます。文芸作品としたら、だれしも、それを読み深めに深めていくでしょう。これは、おのずから、表現のことばを見深めていくことになります。――こうしたしごとを、「言語の学」とよぶこともできるのではないでしょうか。言語をとりあつかっていく学です。

「言語の学」を当面の目的としてしごとを進めていくばあいにも、そのしごとは、一方で、言語によって表現されたものを、広く問題にしていくことにもなります。その、表現されたものを問題にするとなって、もとより、文芸作品もとりたてられてきます。

せまい意味での言語の学にしたがっていても、その表現論のためには、当然のこと、多くの文芸作品にも目を向けていかなくてはなりません。つまり、文芸の学に渡っていくわけです。

言語の学と文芸の学と、二者双方のどちらにしたがっていても、しごとが拡充されれば、一者のしごとが他者のしごとを包合していきます。

(二)

以下には、諸題を設けて、「言語の学」と「文芸の学」との、二にして一の実情を見ていきましょう。

およばずながら、私は、二にして一の実証につとめていきたく思います

万葉の「籠毛與。」

一

私が万葉集にはじめて接したのは、高等師範学校の二年生の第一学期でした。斎藤清衛先生が、復刻本の万葉集略解を教科書として指導してくださいました。

第一時間目、

籠毛與。美籠母乳。

の歌から、ご講義がはじまりました。

その後、古典文芸を読むことのごくまれであった私も、今日まではそうとうに年月をへましたから、万葉の「籠毛與。美籠母乳。」を読んだり思ったりすることも、かなりの回数におよんだと思います。

爾来、私の胸中には、「籠毛與。」とのことばが、じつに印象深いものになって、今日におよんでいます。

「籠毛與。」なんという、変わった歌句であることでしょう。万葉で、この冒頭歌のすぐあとには、もう、きちんとした「五七五七」の長歌が出てきます。

どうして、万葉の冒頭歌は、このように、ふうがわりのことばではじまる歌詞のものなのでしょうか。万葉冒頭歌を、なにか特別のもののように思いはじめた私は、ますます「籠毛與。」に惹かれていったのです。「〜よ。」とのよびかけことばが、私には、作者の顔も見えるようなしたしみ深いものに思えてきました。自分の、ふだんのことばづかいとよくひびきあうようなよびかけことば、「籠毛與。」！

万葉集中の多くの長歌で、その初句は、どういうものなのでしょうか。三音節の「籠毛與。」に同型のものがあるのでしょうか。

「籠毛與。」にこだわるうちに、その、かな三文字で書ける短句に、心をうばわれるようになり、私は、「籠毛與。」のつづきを、つぎの句つぎの句と見ていき、それぞれのことばかずをかぞえてみるようになりました。

こもよ　みこもち　ふくしもよ　みぶくしもち

とあります。語数をかぞえてみますと、

三→四　五→六

となっています。これを、しばしば口ずさむうちに、私は、一種の拍節リズムを感じるようになりました。そこで気づいてみますと、「三→四」と「五→六」とは、(「四→三」と「六→五」とにしても)、差が「一」です。なので、「こもよ。みこもち。」での拍節リズムと、「ふくしもよ。みぶくしもち。」での拍節リズムとは、あい似たものになっていましょう。

ああ、そうなのかと思って、私は、つぎの、

「このおかに　なつますこ」、「いへのらせ　なのらさね」

を読んでみました。ここでもまた、

五→五　五→五

の音数律がたどられます。

ずいぶんきれいな音調がうかがわれるのではないでしょうか。

雄略天皇の御製の後半のことは、しばらくおきます。

いわゆる万葉調の美しい世界、その全万葉集のもとにあって、冒頭の一首には、なぜ、このような特定音律の長歌が配されているのでしょうか。ずいぶん変わった調子のものが、大万葉集の作品の冒頭に、ちゃっとおかれているのですね。

その特定性を一挙にものがたるのが、

こもよ。

ではないでしょうか。

さて私は、この「こもよ。」を、「よ」にむすばれた、よびかけ表現文であろうと解するのであります。

二

万葉冒頭の、雄略天皇のこの御製は、大きく、前後の二段に分けることができましょうか。（左の引用は、伊藤博氏『万葉集釈注』によらせて頂きました。）

籠もよ　み籠持ち　掘串もよ　み掘串持ち　この岡に　菜摘ます子　家告らせ　名告らさね

これが前段となりましょうか。

そらみつ　大和の国は　おしなべて　我れこそ居れ　しきなべて　我れこそ居れ　我れこそば　告らめ　家をも名をも

これが後段となりましょう。

さてまた、私は、右の前段について、これをさらに前後の二部分に分かちたいと思います。

籠もよ　み籠持ち　掘串もよ　み掘串持ち

これを前部分と見ます。

この岡に　菜摘ます子　家告らせ　名告らさね

これを後部分と見ます。

こう見た時、前部分の歌いあげの基調をなすものは、「よ」だと考えられます。後部分での歌いあげをおさめるものは、「ね」だと思われます。かくて言えます。本歌の前段は、

よ。——→ね。

のしらべでささえられている、と。（「よ」・「ね」の大対立があります。これは、〔o〕←→〔e〕

の対応ということにもなりますね。）

さて、本歌の後段となると、「……… おしなべて〔e〕 我れこそ居れ〔e〕」とあり、「しきなべて〔e〕 我れそこ居れ〔e〕」とあります。ついで、「我れこそば 告らめ〔e〕」とあります。ここには、〔e〕音の連出が見られます。（――この連出が、前段末の「家告らせ〔e〕」「名告らさね〔e〕」をよく承けています。）

本歌の前段の「よ」――→「よ」での〔o〕母音に対しては、のちに〔e〕の連出がいちじるしくて、音韻上では、〔o〕と〔e〕との大対立が見られることになっています。これにつき、いちじるしい〔e〕連出を後にはらんで、まず〔o〕母音の特定の連出があるとすることができましょうか。〔o〕母音の「よ」という感動詞の、特別の重みが、ここで読みとられます。

私は、「よ」を熟視せざるを得ないのであります。本長歌での、「よ」の屹立が言いたくも思います。日本語史上での文末用感動詞「よ」は、「よびかけ発想のもの」と見ることができるのではないでしょうか。「よ」の、日本語史での歴史的存立を見るにつけても、私はそのことを強調したいのです。

雄略天皇の御製もまた、冒頭で、

「籠もよ！」

と歌いあげていらっしゃるのでは?! つまりは、「よ」が、み心の高ぶりをよく表わしているのではと、私は考えたいのです。

私は、「籠もよ。」のように句点をうちます。第一句は、特定の独立の文表現とされましょう。「み籠持ち」が、動詞連用形でおわっていようとも、それは、そういう歌詞のたてかたであり、つぎに「掘串もよ。」とあるのがまた文表現と見られます。

私としたら、ここで、いわゆる現代語訳に関しても、

やあ、籠だ！

などというようにしたいのです。

天皇御みずから、ひとりがたりのように、歌詞を立てられたのでしょうか。………（後段では、ご自讃のおことばが出ます。）

私は、万葉集の参考書を見るとなっては、いつも、まず初歌の、いわゆる口語訳を見るのです。「籠もよ」が、センテンス扱いされているかいないかというところに、興味をもって、注目するのです。

澤瀉久孝先生は、ご芳著『万葉集注釈』の巻第一（中央公論社版　昭和三十二年十一月十日初版）で、万葉初歌についての、

籠、籠を持つてネ、掘串、掘串を持つてネ、この岡に菜を摘んでゐなさる娘さん。

とのご口訳を示しておられます。

伊藤博氏の『万葉集釈注』一（集英社　一九九五年十一月二十五日第一刷発行）には、

おお、籠、立派な籠を持って、おお、掘串、立派な掘串を持って、ここわたしの岡で菜を摘んでおいでの娘さん、家をおっしゃい、名前をおっしゃいな。

とあります。

源氏の文章

はじめて、私が源氏物語の文章に接したのは、広島高等師範学校での三年生の時でした。東條操先生が、源氏を講読してくださいました。

この東條先生こそは、当時すでに、日本の方言研究の泰斗とされているかたでした。

その先生が、源氏を講読されるとなっては、先生快心の、とも申しあげたいほどの、先生の「源氏文芸の学」をお示しになったのでした。今、思えば、私もこの時、すでに、言語の学と文芸の学との一如性を、いともはっきりと、先生からお示しいただいたわけでした。

今日の私の、両学一如との、つよい思いも、もと〳〵、東條先生のおしつけということになります。

先生の、源氏の教室でのご態度をしるしてみましょう。

先生は、私どもに、指名して解釈をやらせてみるというようなことは、いっさいなさいませんでした。テキストを左手でお持ちになり、それをときどき、目よりも高くかかげるようになさって、ひたすら本文に沈潜していかれました。私は、ただただ、先生のおことばを、できるだけ多く書きつけたいとしたのであります。

「帚木」の巻にはいり、私も、格段に熱心に、先生のご解釈のおことばを書きつけたように思います。

「帚木」冒頭のつぎの一文に、私は、左に数字番号つきでしるすような、先生のご注釈のおことばを書きつけています。

[1]光源氏、[2]名のみことぐしう、[3]言ひ消たれ給ふ咎[4]おほかゝなるに、[5]いとゞ、[6]かゝる[7]すきごとどもを、[8]末の世にも聞き伝へて、軽びたる名をや[9]流さむと、[10]忍び給ひけるかくろへごとをさへ[11]語り伝へ[12]けむ、[13]人のもの言ひ[14]さがなさよ。（有朋堂文庫本〈武笠三氏校訂　有朋堂書店　昭和三年九月〉）

1　桐壺の最後の筆をうけて光源氏を書き出す。
2　名のみは仰山であったがその光を
3　消つ（す）―タサ行　例、腐《クタス》《クサス》
4　多くあるのに、
5　ひとしを　その上に
6　源氏の心持なり
7　好色事。空蟬夕顔の二人の事件を指す。
8　後の
9　流してはならんと思召されて
10　かくしてゐらっしゃったその秘密の情事。
11　世間人が
12　けるを婉曲に言ふ。
13　世間と言ふものの（そんな人の）
14　口やかましさよ

ここで、ついでに申します。　私どもが四年生になった時には、先生が、古事記をあつかってくださいました。

この時がまた、見るもあざやかなご独講で、やはりテキストを左手でお目うえにかかげながら、綿々としてとどまるところなしのご口述をなさいました。私は、あのむずかしい古事記が、どうしてこんなにすらすらすらすらとご説明になれるのだろうと、まったく驚嘆しました。

右のようなことを今、痛感するにつけても、私は、先生から、言語の学と文芸の学との一如一体性ということも、いとも明確にお教えいただいたように思わざるを得ません。

私も、今日の思いで、源氏の文章を読んでみます。

第一には、ともかく、源氏物語が、長形のセンテンスにかがやく文芸ではないかと、つよく考えさせられます。

帚木はじめの上記のセンテンスを受けても、すぐつぎのセンテンスが、
さるは、いといたく世を憚り、まめだち給ひけるほどに、なよびかにをかしき事はなくて、交野の少将には笑はれ給ひけむかし。

とあります。このつぎのセンテンスとなっては、

まだ中将などにものし給ひし時は、内裏にのみ侍ひようし給ひて、大殿にはたえ〴〵まかゝで給ふを、しのぶのみだれやと、疑ひ聞ゆる事もありしかど、さしもあだめき目馴れたる、うちつけのすき〴〵しさなどは、好ましからぬ御本性にて、稀には、あながちに引き違へ、心盡なる事を、御心に思し止むる癖なむ生憎にて、然るまじき御振舞もうちまじりける。

とのありさまです。

源氏はまことに、こういう長文（ロング・センテンス）を常態とする文芸なのかとも、思われてなりません。

こういう源氏センテンスが、措辞十全、まっく、句法・表現法の乱れを、私などには、ついぞ見せません。源氏を読むたびに思うのです。よくもまあ、長文が、こんなにつぎからつぎへと、きれいにくり出されていったものだなあ、と。

源氏物語のどこを開いても、まず感得するのは、よどみない文表現の流れのきれいな連綿です。

源氏のセンテンスについて、ロング・センテンスの特性を詳論したものがあるのでしょうか。

ここらで、源氏文体論なるものの創成も、念願してやみません。

源氏で、長文形がとられるばあい、一つの特異なものには、文表現中に和歌をとりこんだものがあります。

この表現法のばあいにも、さまざまの類型が見つかるようです。それがみな、作者のロング・センテンスをととのえていく卓抜な手法によって、つづきがらの美しいものにされています。

和歌をとりこんだ文表現の手法を分析してみたいと思って、私は、早くに、問題の箇所をカードにとってみる用意をしました。まずカードをこしらえてみたまではよかったのですが、しごとが、小さなカードへは書きこんでしまえないようなことにもなって、作業が頓挫しました。が、多くのばあいを比較してみたいという思いは、今も絶えてはいません。

源氏の巻々で、最後が和歌一首でおわるもの、これは、空蟬の巻だけでしょうか。その和歌は、〇うつせみの羽《は》におく露《つゆ》の木《こ》がくれてしのびしのびにぬるゝ袖《そで》かな（有朋堂文庫本）です。

ちなみに、和歌のあとにことばがそえられてその巻がおわるのは、「花宴」・「葵」・「玉鬘」・「真木柱」・「若菜上」・「東屋」の巻々です。

源氏文章での語詞美

(一) 接続助詞のかがやき

前述のとおり、源氏では、長形のセンテンスが頻出します。長形センテンスにかならず随伴する貴重な表現分子は、じつに接続助詞でありましょう。

一例、つぎのものを見ます。

人の上《うへ》を難《なむ》つけ、おとしめざまの事言《い》ふ人をば、いとお(ほ)しきものにしたまへば、右大将などをだに、心にくき人にすめるを、何ばかりかはある、近《ちか》きよすがにて見《み》むは、飽《あ》かぬ事にやあらむ、と見《み》たまへど、言《こと》にあらはしてものたまはず。（岩波書店『日本古典文学大系』による。）

㈡　助詞のはたらき――「無助詞」・助詞「は」・助詞「には」――

「蛍」の巻に、

長雨例《ながあめれい》の年《とし》よりもいたくして、晴《は》るゝ方《かた》なくつれづれなれば、御方〳〵、絵物語《ゑものがたり》などのすさびにて明《あ》かし暮《く》らし給ふ。明石《あかし》の御方《かた》は、さやうのことをもよしありてしなし給(たまひ)て、姫《ひめ》君の御方にたてまつり給ふ。

西《にし》の対《たい》にはましてめづらしくおぼえ給(たまふ)ことの筋《すぢ》なれば、明《あ》け暮《く》れ書《か》き読《よ》みいとなみおはす。（岩波書店『日本古典文学大系』による。）

との文章が見られます。

右の「御方〳〵」のばあいは、そのあとに助詞が来ません。「明石の御方」になると、そのあとに、「は」助詞が来ています。やがて「西の対」のばあいになりますと、「には」助詞が来ています。主格を示す助詞が、このように有無の差を示し、また、「は」と「には」との差を示して、主格表現法が、微妙な展開を見せています。

ここのばあい、いかにも助詞対照のさまが見られるので、作者の、この展開のさせかたに、私どもは、目を奪われます。

さてまた、「は」と「には」とでは、だれしも、「に」のはたらきに注目せざるを得ますまい。私どもは、右引用の全体を一読するにつけても、ついに、「に」助詞がきれいにひびいてくるのを痛感することになりましょう。

ここで、一般論的な説明にしたがってみます。助詞「に」は、静平感をもよおすことばではないでしょうか。表現主体をさし示して、静雅・温和の思いを読者にいだかせるのが「に」ではないでしょうか。「西の対」に至っては、まこと「に」が用いられてしかるべきなのではないでしょうか。

右の引用全体について、私など、ついには、「に」の表現美の鑑賞に熱中することになるのであります。

源氏物語表現について

寸言

よくもよくも、こうして特定の文体を輝かしながら、長大な文章行に終始し得たものである。私ごとき者には、破綻めいたものは、どこにも見いだし得ない。筆力秀健の徹底が感ぜられるばかりである。

その一

作者は、どの段階で、多くの巻々の部立てとその配列とを、深く勘案したのであろうか。

巻ごとに、その形式が、深い思慮にとんでいる。「雲隠」との名のみの巻もあるとは！

これらの各巻の製作進行は、時間的に言って、どういう時の流れの起伏を持ったものであったろうか。

その二

当時、作者の周囲には、文章作品のどのようなものが、どのように見られたのであろう。作者に、なんらかの影響を与えるものがあったのかどうか。私どもには思いようもないものが、作者になにがしかの動機づけをさそったりはしなかったのか。

その三

源氏五十四帖の巻々、そのおのおのの命名に、巻々の前後関係、これらのことに関して、作者の考案した表現くふうが、じつにたけ高いものであったと思われる。

その四

作者には、いわゆる散文におもむくとともに、歌句をも用いる手法があった。和歌は、存分に活用されている。

先学の、中古文学に関するご論考の中には、和歌の出かたについて、論ぜられるところがあったかと、おぼろげながら記憶している。

その五

源氏の文章は、相対に、個々のセンテンスが長大である。枕草子の「春はあけぼの」の段を読んだ感じを胸において、源氏の、どこかの一章を読んだとするか。そのさい、私などは、源氏がいかに長大文特色の作品であるかを痛感させられる。

その六

さてその各「長大」が、すこしも揺るがない。これをたとえて言えば、長文のセンテンスが、大木の厳然と佇立するさまにも似ている。風雨の中にも、粛粛たるものである。

私どもは、源氏初頭の「桐壺」にあって、しかもその初段につき、早くもつぎのような長センテンスを見ることができる。

> 同《おな》じ程《ほど》、それよりげらう《(ふ)》の更衣たちはまして安《やす》からず。朝夕の宮仕《みやづか》へにつけても人《ひと》の心《こころ》をのみ動《うご》かし、うらみを負《お》ふ積《つも》りにやありけむ、いとあづしくなりゆき物心ぼそげに里《さと》がちなるを、いよ〳〵あかずあはれなる物《(もの)》に思《おも》ほして、人の譏《そし》りをもえ憚《はゞか》らせ給はず、世のためしにも成《(なり)》ぬべき御もてなしなり。

(引用は、ここ以下すべて、岩波書店の『日本古典文学大系』による。)

長「文」の連綿とつづくのを追っかけて、読みたどって行く時、どこまで行っても、「一文」が、確乎とした存立である。

その七

長大な一文表現の佇立を、きれいに可能ならしめていくものは、じつに、作者の接続表現の力であろう。――接続助詞運用、またそれに類する方法が、つねに確乎として輝いている。

私は、文語の接続助詞の勉強、あるいは教育のためには、源氏文章を凡例とし、これを解剖してみるのがよかろうと考えている。

その八

係助詞・格助詞の類に留意することもまた逸してはならない。

文章中の、かんじんな接続用具は、じつに、上述の諸助詞である。

その九

「蛍」の巻での、先に行っての一文には、

殿《との》も、こなたかなたにかゝるものどもの散《ち》りつゝ、御目《め》に離《はな》れねば、「あなむつかし。女こそものうるさがらず、人に欺《あざむ》かれむと生《む》まれたるものなれ。こゝらのなかに、まことはいと少《すく》なからむを、かつ知《し》る〳〵、かゝるすゞろ事に心を移《うつ》し、はかられ給ひて、暑《あつ》かはしきさみだれの、髪《かみ》の乱《みだ》るゝも知《し》らで書《か》き給ふよ」とて、笑《わら》い給《（たまふ）》ものから、また、「かゝる世《よ》の古《ふる》事ならでは、げに何《なに》をか紛《まぎ》るゝことなきつれづれを慰《なぐさ》めまし。さてもこのいつはりどもの中《なか》に、げにさもあらむとあはれを見《み》せ、つぎ〴〵しくつゞけたる、はた、はかなしごとと知りながら、いたづらに心動《うご》き、らうたげなる姫君《ひめ》のもの思《おも》へる見《み》るに、かた心つくかし。またいとあるまじき事かなと見《み》る〳〵、おどろ〳〵しくとりなしけるが目《め》おどろきて、静《しづ》かにまた聞《き》くたびぞ、にくけれどふとお《（を）》かしきふしあらはなるなどもあるべし。このごろおさなき人の、女房《ばう》などに時〳〵読《よ》まするを立《た》ち聞《き》けば、ものよく言《い》ふ者《もの》の世《よ》にあるべきかな。そらごとをよくし馴《な》れたる口《くち》つきよりぞ言《い》ひ出《い》だすらむとおぼゆれど、さしもあらじや」とのたまへば、「げにいつはり馴《な》れたる人や、さま〴〵にさも酌《く》み待らむ。たゞいとまことのこととこそ思ふ給《（う）》へられけれ」とて、硯《すずり》をおしやり給へば、「骨《こち》なくも聞《き》こえおとしてけるかな。神代《よ》より世にあることを記《しる》しを《（お）》きけるななり。日本紀《（にほんぎ）》などはたゞかたそばぞかし。
　これらにこそ道《みち》〴〵しくくはしき事はあらめ」とて笑《わら》ひ給ふ。

とある。

連綿たるこの長一文を見られよ。中に、大小の会話文章を設け〳〵して、この長一文にいたっている。私などの推考を絶した超文章力である。

作者には、そも、どのような文章思念がはたらいているのであろうか。強固な文意識！　いくえにも長いセンテンスを包含した文形！　これが、大樹然として、風波もいとわず毅然と佇立している。

※　※　※

日本語では、個々の文表現（センテンス）が、本質上、表現の文末決定と言える様態を示す。文末まで来なければ、その文表現の言うところの決着点が来ない。このことを、私は、「日本語文表現の文末決定性」と称してきた。日本語でのこの特質は、日本語の存立とともに、無窮である。

日本語の中にうまれた源氏物語についても、文末決定性の、長大な文表現が、とりどりに見られるしだいである。

その十

源氏物語の著者は、揺るぎのない文法力で、長・短、ことに長の文表現の展開をはかり、一貫して、論旨明白の文章表現結果を開示した。

稀有の文章表現者によって、無類とも言いたいほどの美しい日本語表現作品『源氏物語』が、世に示されることになった。

※　※　※

寸言追加

源氏物語表現の骨子をなすものはと、あえて言えば、

接続助詞をはじめとする接続表現関係の諸形式なるものであると言うことがゆるされるか。

枕草子の文章

Ａ　『枕草子』の超短文

巻初から本文を見ていくと、第一四段に、三行の超短文章が出てきます。

※以下、『枕草子』本文の引用は、岩波書店の『日本古典文学大系』によります。

この超短文章の中みが、「市は　あすかの市。」などの超短文であります。こんなのは、巻初の「春はあけぼの」の段にくらべても、「文章」特色顕著であります。

つづいては、第一五段が、

峰は　ゆづる葉の峰。あみだの峰。いやたかの峰。

であります。

第一六段が、

原は　みかの原。あしたの原。その原。

であります。

第一七段が、「淵は」とあって、これが三行におよんでいます。依然として超短文章であります。

つづいて第一八段が、

海は　水うみ。よさの海。かうふちの海。

であります。

第一九段は、

みささぎは　うぐひすのみささぎ。かしはざのみささぎ。あめのみささぎ。

です。

第二〇段が、

わたりは　しかすがのわたり。こりずまのわたり。水はしのわたり。

となっています。

つぎの第二一段から、ふつうの散文調のものが出てきます。ただし、この段は二行の短文章です。

第二二段は、

家は近衛の御門。

以下の三行です。

第二三段は、

清涼殿の丑寅の

以下の長文章です。

作者は、どういう意図で、このように短いものを、右の地位にちりばめたのでしょうか。

しかも、そのちりばめかたには、妙とされるものがあって、心ひかれます。たとえば、「峰は」とありますと、つぎは「原は」であります。つぎには、水の「淵」や「海」がきます。対照の妙が明らかですね。

なおまた、これらの短文章の使用語句には、第二〇段にしても、「しかすがのわたり」・「こりずまのわたり」などの、ゆかしいことばが見られもします。

以上のように、ものを受けとるにつけても、私どもは、

清女の文筆に、文章芸術とも言うべきものがよく認められる。

と言うことができましょう。

清少納言は、――超短文章のとりあつかい・ちりばめかた一つを見ても、異色の芸術家であったとすることができるのではないでしょうか。その卓抜な創案力にはおどろかされるばかりです。

ここで、冒頭の「春はあけぼの」の文章にもどってみましょう。

「春はあけぼの。」、「夏は、夜。」、「秋は、夕暮れ。」、「冬は、つとめて。」というのが、すでにすでに、ものはづくしの形態でした。『枕』初段の発想と、上来、指摘してきたもの〳〵とは、まったく一連の文章製作思考であったとされましょう。　後の超簡単な「ものはづくし」の文章を出す予章が、『枕』冒頭の文章「春はあけぼの」であったとされましょうか。

B　作者の文章製作
―「春はあけぼの。」の分析―

『枕』初段にはいって、私は、作者の創作力のありように近づいてみたいと思います。まず、初段落の、

　春はあけぼの。やうやう白くなりゆく、山ぎはすこしあかりて、紫だちたる雲のたなびきたるについてであります。

紡ぎ出すように、この長一文がつづり上げられているのではないでしょうか。細心の用意・はからいが認められる（すくなくとも結果論的には）と私は考えます。

「春はあけぼの。」これがテーマになっています。ここでの「あけぼの」は、

「あ　け　ぼ　の」
〔a　e　o　o〕

といった母音配列です。〔e〕から〔o o〕へは、閉じたものがしだいに開けていくことを象徴するようなものになっていましょう。――まさに、夜明けがしだいに白んでくるさまを、「あけぼの」が見せています。

これを受けて、本文は、「やうやう」とあります。これはまた、「だんだんに」といった気もちのものでありましょう。漸次の推移があらわされています。

つぎの「白くなりゆく」がまた、ことがらの進行していく「動」を言うものであります。

「山ぎは」の「すこしあかりて」がまた、「あかる」という、進行状況をいう動詞の表現になっていて、「やうやう」以降の「動」の表現の高まってきたことを思わせます。

つぎが「紫だちたる」であります。この「紫だつ」はやはり、「動」の「動」なるものでありましょう。ここまで動相の表現がつづいて（＝ここまで発展してきて）、「たなびきたる」がきます。

この「たる」にいたって、動の状態がほぼ静まるでしょうか。「たる」のむすびによって、長大の全文は、体言化される、名詞ふうのものにされるとも言えましょうか。

「動」の展開という筋みちが、じつにきれいに叙述されていましょう。

文学史の専門家によっては、「やうやう白くなりゆく」のところで読点が打たれています。また、『。』が打たれてもいましょうか。私は、動相の展開を表示する連綿たる文表現がよどみなくつづいていると見たいのであります。

申し落としたくなかったのは、「あかりて」とのことばです。「あかる」という動詞は、今日の私どもの生活の中にはないものでしょう。が、清女のころには、このようにもつかわれたのでしょうか。私は、このことばが、こんなによく利いていることを、「やうやう」「なりゆく」にむすびあわせて、つよく考えるのです。

※　※　※

ここで、一つ、清女の、〝筆くせ〟にふれてみます。「秋は」と「冬は」との二段落について見ます。「秋は」のところでは、「山のはいと」とあります。「いと小さくみゆるに」ともあり、なお「いとをかし」とあります。「冬は」となっても、「霜のいと白きも、」とあって、また「いと寒きに」とあります。さらに、「いとつきづきし」とあります。このように、後二段落は、ともに、「いと」の頻出する段落です。筆者の心が、どのように和《なご》んだからというのでしょうか。

後二段は、作者のかなり解放された心のもとでつづり上げられたものかとも、私は思いたいのです。「いと」の頻出に清女の文体が見られる、とも言えるのではないでしょうか。

※　※　※

つぎには、かわいらしい清少納言をとりあげてみます。

枕草子　愛唱

岩波書店『日本古典文学大系』本〔一八四〕での冒頭の一節、私は、これをくりかえし読んできました。清少納言に心ひかれてやまないものが、ここにあります。

宮にはじめてまゐりたるころ、もののはづかしきことの数知《かずし》らず、涙《なみだ》も落《お》ちぬべければ、夜々《よるよる》まゐりて、三尺の御几《みき》帳のうしろにさぶらふに、繪《ゑ》などとり出《い》でて見《み》させ給ふを、手にてもえさし出《い》づまじうわりなし。「これは、とあり、かかり。それが、かれが」などのたまはす。高坏《たかつき》にまゐらせたる御殿油《となぶら》なれば、髪《かみ》の筋《すぢ》なども、なかなか晝《ひる》よりも顯證《けそう》にみえてまばゆけれど、念《ねん》じて見などす。

いとつめたきころなれば、さし出《い》でさせ給へる御手《て》のはつかに見《み》ゆるが、いみじうにほひたる薄紅《うすこう》梅《ばい》なるは、かぎりなくめでたしと、見知《し》らぬ里《さと》人心地《ち》には、かかる人こそは世におはしましけれと、おどろかるるまでぞまもりまゐらする。

清少納言は、このような人だったのですね。

「春はあけぼの」、これの後方につづいて出てくる「ものはづくし」の警抜な文章を読んだあとで、この〔一八四〕へきますと、清女はこういう文章も書いた人なのかと、じつにおどろき入るのです。私は、ここに見られる清少納言が大好きです。

〔一八四〕は、長い段です。あとのほうに、

宮は、しろき御衣《ぞ》どもにくれなゐの唐綾《からあや》をぞ上《うえ》にたてまつりたる。御髪《ぐし》のかからせ給へるなど、繪《え》にかきたるをこそかかることは見《み》しに、うつつにはまだ知《し》らぬを、夢《ゆめ》の心地《ち》ぞする。

との文章も見えます。

「手にてもえさし出《い》ずまじうわりなし。」と言う清女なのですね。いたいけな清少納言が、よく表現されていましょう。(このころ清女はいく歳だったのでしょう。)

つぎには、「御殿油《となぶら》なれば、髪《かみ》の筋《すぢ》なども、なかなか晝《ひる》よりも顯證《けそう》にみえてまばゆけれど、念《ねん》じて見などす。」のところに心ひかれます。岩波本の頭注には、「頭髪の毛筋等も、かえって昼よりもあらわに見えて恥かしいけれど、我慢して見などする。」とあります。「まばゆけれど」の所が、「恥かしいけれど」とあり、「念じて見などす」の所が、「我慢して見などする」とあります。私は、畏友の中古文学研

究家に、ここでの疑問を糺しましたが、まずはこの頭注のようになるのだろうか、とのお教えでした。それにしてもと、私は思ってやまないのです。「まばゆけれど」は、恥しいのでもありましょうけれど、まばゆいばかりと見ている、若い清少納言の純情をよく表わしているのでは、と。「恥かしい」というようにはきめかねる心情が、清純の清女にあるのではないでしょうか。それゆえ、私は、「念じて見などす」の所も、「我慢して」とは言いたくないのです。まばゆいばかりのものを見る気もちでの、すなおな「念じて」の気もちは、念じる人の心ばえのまっとうさを、よく読みとらせるのではないでしょうか。

さて、つぎに、「御手《て》のはつかに見ゆるが」とあるのにも、私は心ひかれます。「御手《て》のはつかに」見えるのが、清女にはどんなに魅力的であったことなのかと、私は、清女の傾倒ぶりを想像するのです。わずかであれば、ますます、見る者の心もちは高ぶりますね。その気もちが「いみじうにほひたる薄紅《うすこう》梅《ばい》なるは、かぎりなくめでたし」と言わせていましょう。作者は「見知《し》らぬ里《さと》人心地《ち》」で、中宮さまを仰ぎ、うちこみきっていましょう。「おどろかるるまでぞまもりまゐらする」清女は、純稚そのものです。

傾至一念、傾倒一本のおさな心の清女が、彷彿としてきます。

枕草子全体の中では、清少納言の、かなり発展的な宮中生活のさまが多く描かれてもいましょう。その前段に、右の一節のようなものも味わえるのが、私には、枕草子を持っての幸福です。

訴えのことばの「や」～『伊勢物語』の「飲まんとや。」など

その一　『伊勢物語』の「飲まんとや。」

岩波書店『日本古典文学大系』本の伊勢物語、一八一頁の百二十七です。こうあります。

むかし、女をぬすみてなん行《ゆ》く道《みち》に、水《みづ》のある所《ところ》にて、「飲《の》まんとや」と問《と》ふに、うなづきければ、坏《つき》なども具《ぐ》せざりければ、手《て》にむすびて食《く》はす。率《ゐ》てのぼり(けり。おとこ《(を)》、なくなりに)ければ、もとの所《ところ》にかへり行《ゆ》くに、かの水飲《みづの》みしところにて、大原《おおはら》やせかひの水《みづ》をむすびつゝあくやと問《と》ひし人はいづらは

といひて來《き》にけり。(あ)はれ〳〵。

私は、この中の「飲まんとや」という所につよく惹かれています。男の人が女の人にこう聞いているのですね。

上欄の注には、

「飲まんとやする」の略で、「水を飲むか」の意か。

とあります。

私は、「飲まんとやする」の「や～する」という係り結びをあまり考えないで、「飲まんとや」を、言

われていることばのままに読みとろうとする者であります。

「水、飲む?」

といったような気分の問いことばではないでしょうか。係り結びの結びことばなどが考えられないくらい（出てこないくらいに）、「飲まんとや」の問いが、きわめて自然な発話ではなかったのでしょうか。「〜とやする」と見たばあいは、「や」が係助詞になりましょう。「飲まんとや?」と見たばあいは、「や」が文末の、訴えの、感声的な品詞になります。この種の品詞を、私は、文末詞とよんでいます。

男が素朴に、「水を飲む?」と言っているのですから、私は「〜とや」の「や」を、情意的な心情を表現したよびかけことばとして、大きくとりたててみたいのです。現代語で言えば、「アンタ　ノムヤ?」（方言的な言いかた）のような「や」ととってよいものが、右に見られるのではないでしょうか。

私どもの現代生活の中にも、方言世界では、係り結び関係の言い方が、しばしばおこなわれています。九州方言では、「アン｜　クサ。」（あのね。）などがよく言われていて、「こそは」から転じた「くさ」を、ただよびかけことばのようにつかいきっています。つぎには、私の郷土経験を申してみましょう。瀬戸内海中部島嶼群の一島、大三島に生を受けた私は、老人たちの、

○ナニク｜ソ　ナー｜ンジャガ、タ｜ベテ　ツカイ。

　なにこそないんだけれど、たくさんたべてちょうだい。　（老女→中男）

との言いかたをよく聞きました。子ども心に、私は、「なにくそ」の「くそ」が、例のきたないものを思わせるようで、妙な言いかたをするものだと思ったことでした。ところで、そう思う私なども、

○シッテクソ！

知ってこそ。（知らないよ！）

との言いかたはよくしました。ちゃんと、係りことばの「くそ」をつかっていたのです。が、このばあいも、係り結びの法則にしたがっての結びことばは、子どももおとなも全然つかいませんでした。

方言世界の口ことばでは、係り結びの法則的なものがおこなわれはしても、それは、ほとんど、係りことば本位の話しかけにとどまっているようです。

伊勢物語にもどってみましょう。文語調の「飲まんとや」ではありますが、これが、上来の現代方言でのばあい同様、係りことば本位の言いかたにとどまっているのではないでしょうか。「や」の下に句点をほどこして、私は、訴えかけの文末詞「や」をとらえたいのであります。

恋い仲の二人の旅路で、「水のある所」に来て、「ああ、おいしそうな水！」などと思ったでしょうか。「飲む？」と問いかけるところですから、「や」とのよびかけが、いかにもよく、その場に合っていると思いたいのであります。

そう言えば、古代語についても、問題事例をとらえることができます。

その二　『古事記・日本書紀』の「あづまはや。」

古事記・日本書紀には、

「あづまはや」（古事記「阿豆麻波夜」・日本書紀「吾嬬者耶」）

というのが見えます。

私は、「あづまは」の「は」は、「あづま」を取り立てることばで、つづく「や」は、対他の感動表現（よびかけ）をあらわすものだろうと考えています。

こうしてみると、わが感動表現の「や」は、日本語史上の、古今を通じて見られることになりましょう。「や」なる感動詞は、そうあってしかるべきとも思われる音質の一語ではないでしょうか。

記・紀二篇ともに「あづまはや」を見せているのが、私には、感動表現の「や」の、日本語にとって、原生的な感動詞であることを思わせます。

※　※　※

以前、私は、この問題をもって、学友、森　斌氏、広島女学院大学教授に、教えを乞うたことがあります。森氏は、さる先学のご研究を引用せられて、「あづまはや」の「はや」について、「や」が、感動表現の具であることを教示せられました。

その後も、森氏は、諸種の辞典類を引用せられて、たとえば、

新潮国語辞典　係助詞「は」に間投助詞「や」の添ったもの、強調を示す。

などを教示してくださいました。

詠嘆の「や」や「よ」が、日本語とともに、早くから生きてきたものであることは、およそ、想察もしうることでありましょうか。

それにしても、わが古典二大著に、等しく、「あづまはや」の見られることは、なんとも注目すべきことともうれしいこととも思われてならないのです。

蜻蛉日記の「なにか」

私が、広島女学院大学につとめていた時、高山(旧姓小迫)喜美子さんが、『蜻蛉日記』についての一リポート(四百字づめ原稿用紙五十四枚)を提出してくれました。

これには、種々の注目すべき事項があり、私は、おおいに教えられたのであります。その中で、一つ、私が興味深く思ったのは、会話文中に出てくる「なにか」ということばです。

全巻中では、会話文のばあいのほかにも、「なにか」が出ています。が、今はとにかく、会話文中のばあいを問題にしてみたいと思います。

この種のものの、なぜか、受けとりやすい事例が、上巻内に、比較的多く見られるようです。一例はこれです。

挙例はすべて、岩波書店発行の『日本古典文学大系』本によります。

このせうとなる人なん、「なにか、かくまがくしう。さらになでうことかおはしまさん。はやたてまつりなん」とて、

この「なにか」について、古典文学大系本の頭注を見ますと、

「何か、かくまがくしう(泣き給ふ)」の略

とあります。

ここでの「なにか」（何か）は、独立の修飾成分として、はたらいていましょう。単純に取りたてられるこの「なにか」、これは、いわゆる文語調の本文の流れの中にあって、やや、独立位相を異にするものではないでしょうか。いわば、口ことば的な要素を、なにほどかはにじませているのではと、私は、推測するのです。

こういう思いで、上巻の会話文の中に見られる「なにか」を、いくらかひろってみましょう。

右の事例に近い所に、

なにか、又いとくらからん、しばし

というのが見えます。やはり「なにか」の遊離性が大なのではないでしょうか。そのように用いられている「なにか」に、表現位相上、「いとくらからん、しばし」などの表現位相とはちがったものがあるのではないでしょうか。

右の事例にすぐ近い所にあるのが、

なにか、いまは粥などまいりて

というのです。やはり、「なにか」が、いわば気がるにつかわれているのではないでしょうか。「気がるに」とも言ってみたいような用語感情が推知されるように思われます。

また、つぎの例があります。

「ことしげし」といふは、なにか。このあれたる宿の蓬よりもしげゞなりと、おもひながむるに、

八月ばかりになりにけり。

ここでの「なにか。」は、こと明らかに、言い切りの表現になっていましょう。でしたら、これが、

やはり口話的かもと、推知されます。

とかく上巻内に問題事例の累出が見られるのも注目すべきことかと思われますが、中巻にも、

いでや、さらずとも、かれらいとこ、ろやすしときく人なれば、なにか、さわ〳〵しう、かまへたまはずともありなん

というのが見えます。これの、『日本古典文学大系』本の上欄の注は、

いやまあそうまでしなくともかの召人達は手軽に関係の結べるてあいだそうだから、何もそんなに仰山らしく計画的にされるには及ばないでしょう。

となっています。「なにか」に相当する部分は「何も」（なにも）でありましょうか。このように用いられている「なにか」について、私は、中古文語文章上の、それこそなにか、すこしく調子のはずれた表現要素ではないかと考えるのであります。

歌俳の世界

1 〔7−5＝2〕

七五調・五七調。なんというしたしみぶかいことばなのでしょう。和歌や俳句で、むかしから、このことばがつかわれてきました。（そういえば、漢詩でも、五言絶句・七言絶句などが言われてきています。）私どもが、何かを書いて、調子よくいっていると思ったら、そこには、七五調なり五七調なりが顔をのぞけていますね。

日本語の文章表現にともないがちなのが、こうした調子であるとも言うことができましょうか。

子どもたちのまりつき歌、なわとびの歌、その他あれこれの唱えごとにも、よく、こうした調子が見られますね。

話しを、七五調・五七調のところにもどしましょう。これでだいじなのが、「七から五を引けば、残りが二。」ということです。二は、奇数・偶数の、偶数とされるものです。

偶数の差ということが、だいじなのだと、私は思います。

音律ということばがありますね。調子がよいと言われる時の拍節リズムが、音律と言えましょう。(「ヤマ」というのであれば、「ヤ」「マ」のそれぞれが、一拍の音節です。このことを思って、いま私は、拍節と言っています。)

この時、上に見た偶数二は、二音律と言えます。

わが七五調あるいは五七調では、これを口ずさんだばあい、偶数音律というものが、その底にひびいていることが、たいせつなのではないでしょうか。声に(表面に)あらわには出ませんが、いわゆる五七調などの底面に、偶数音律が、黙って、その五七調などの世界を支えているのが、だいじなところであると、私は考えたいのです。「ねんねんころりよ　おころりよ。」というのでは、「八→五」という調子が認められますね。この時は、七五調というのからすれば、前句が字あまりになっていますが、全体には、やはり、七五調なみに調子づいています。ここにも、底面での、偶数音律的なものの支えがあるのではないでしょうか。

拍節リズムの快さが伝わってくることばづかいの詩句・散文(その部分)などに接することが、私どもに多いですね。こういう時、そこの所の文字かず(音節数)を数えてみてください。ほどよいくぎりめでくぎってみて、その前句と後句とに、音節数の偶数差が見つかるようであったら、これはおもしろいぞということになりますね。今、私は、

○早クシマッテ　遊ビニイキナサイ。(母おや→男の子)

ということばを思いおこしました。指をおって、音節数を数えてみます。上が七音節で下が九音節です。

その差、二音節。偶数！
〇げんごのがくから　ぶんげいのがくへ。
　言語の学から　　文芸の学へ
これは、八音節対八音節です。差がありません。が、ここに、前後同偶数での、おだやかな調和があります。これを、偶数的調和とも言ってみましょうか。

私どもの言語表現に、――書いても話しても、音数〈音節数〉の数えられないものはありません。和歌や俳句は、人が、音節数を数えながら、あるいは頭におきながら、あるいは半意識的にも意識しながら、創作していましょう。そこでは、おのずから、「奇数」とか「偶数」とかの潜在力が、人の頭脳をくすぐっていましょう。

文芸と称せられるものは、おのずから、読むだに快い音律を示しもするところがあるのではないでしょうか。明治の文豪たちの作品を音読したさいにも、私どもは、ただちに、その音律のよさを感得しがちです。徳冨蘆花の『ほととぎす』にしてもそうですね。
文芸に美を見るとしたら、そのたちばでは、音律を問題にすることもたいせつですね。
音律は、ただに音声上のこととしておいてよいものではありますまい。――音律は、表現内容の磨かれた実質の光ともして受けとられるべきものではないでしょうか。

2　和歌・俳句の姿

和歌も俳句も、定型と非定型とを問わず、要するに、「ことばを求めていく」しごとですね。その型式には、流動性があってもよいのではないでしょうか。（さまざまの型式がとられてもよいと思います。）

という点では、どのような和歌も俳句も、文章の自由創作であってよいとされます。超短型のものもできてよいのではないでしょうか。「和歌・俳句」について、超短型の詩の姿が見られてよいと思います。

日本語表現法のゆたかな世界の中をかけめぐって、私どもは、任意に、いろいろの詩形を創作していくことができます。そのようにしてできたものを、広く、言語芸術とよぶことができましょう。

言語芸術の世界にあそぶとあっては、詩形をどのように求めるにしても、根底では、ことばを求める美心が大切だとされましょうか。

まずは、語の、すなおなえらびかたをすることが肝要だと思います。

無理のないえらびかたと言ってもよいでしょうか。

えらんだものが、味の深いことばであったらよいと思います。

和歌や俳句に関しては、世に、会派や流派の主張もあるようです。その間の情勢は、私にはよくわかっていません。が、今、申したいのは、諸種の流派も、ついにはみな帰一するところがなくてはならないということです。和歌の歌道、俳句の俳道（と、かりに申しましょうか。）、みな、神聖なもののはずです。人の手で、諸種の原則を設けることなど、いかがなものでしょうか。

無限定の態度を重んじる人が、しぜんに、能く、真・善・美・聖の世界に近づきうるのでしょう。日本語の美も、おのずから、そこに輝きます。

会津八一氏は、和歌を、すべてかなをもって表記されました。

私は、今、こうしたご努力も、和歌の世界に、純乎とした日本語の美の輝くものを求めていかれたということなのかと愚察いたします。

3　和歌・俳句の文末

短詩形の表現体をもって、芸術の美を求め、表現の真実を求めていこうとするさい、詩形上では、文末が最重要点になると、私は考えます。日本語表現法の本すじに徴して、私は、このように考えるのであります。

日本語文表現一般では、たとえば、

○アスワ　イキ（明日は行き）

というまででは、行くことを言うのか行かないことを言うのかが未決定です。「イキマ」までても、文表現は未決定です。この文表現の決定素として、端的にとり立てうるのは、文末の「ン」です。文表現は、どのようなばあいにも、絶対に、文末部が、表現の決定素になります。

早い話しが、現代英語などとくらべてみれば、ことが、よくわかります。英語では、たとえば、

○ I don't

というので、表現内容(表現意図)は、早くも、よくわかります。文末決定と言うよりも、文初決定と言ったほうがよいでしょう。

日本語では、古今の歴史を通じて、変わることなく、「文表現は文末決定」です。

※　※　※

佐々木信綱先生、

ゆく秋の大和のくにの薬師寺の
塔のうえなるひとひらの雲

これについて、最肝要の語句はとなったら、やはり「雲」ではないでしょうか。

大岡　信氏の「折々のうた」(『朝日新聞』)の、平成8年5月25日のものには、

禅堂へ入《はひ》らむ蟹《かに》の高歩き

が見えます。これは、作者飴山 実氏の『花浴び』(平七)に見えるもののことです。大岡氏は説かれます。

「高歩き」一語が朗々として広やかな世界へ導く。俳句の生命が一語の生き死にあることをよく示している。

私は、「禅堂へ入らむ蟹の」と読んできて、つぎの「高歩き」にうつったとたん、びっくりしました。なんというすばらしい表現があったものかと、驚嘆したのです。行動の主は蟹。それが、こともあろうに、「禅堂へ入らむ」とするのですからおどろきですね。禅堂と蟹、この秀抜なとり合わせをもってこられた作者には、「高歩き」ということばが、おのずと生みだされなくてはならなかったのでしょうね。

一句の、文末決定美。

もう二例、やはり大岡氏のものをお借りさせていただきます。平成9年1月10日の「折々のうた」に見えるのは、

皹《あかぎれ》といふいたさうな言葉かな　富安《とみやす》　風生《ふうせい》

であります。ここで、私は、「かな」ということばの重みをつよく感じます。現代語とは言えない「かな」ですが、「皹《あがぎれ》といふいたさうな言葉」といった現代語のあとにすわって、まことにすわりがよいように思われます。古語の「かな」が、現代のことばとしてよく生きているのではないでしょうか。

「折々のうた」の、平成8年12月17日のものは、

とどめおきて誰《たれ》をあはれと思ふらむ
子はまさるらむ子はまさりけり
和泉《いずみ》式部《しきぶ》

です。上の句は、「らむ」で終わっています。下の句となって、「〜らむ」とあり「〜けり」とあります。「けり」の文末決定力のつよさ・大きさを、私は思ってやみません。大岡氏は、ご解説の中で、
子供こそいとしいだろう。いとしいにきまっている
と述べていられます。

4　表現美

歌俳にかぎらず、文表現一般について、これを考えてみます。
□表現者の生活の実質が、まともに表現されていればよい。
□表現者の生活の実質が、輝き出ていればよい。
□表現者の生きがいというものが、率直に表明されていればよい。
このように言えるところに、表現美とも言えるものがあるのではないでしょうか。

〔人がらが文面から伝わってくるようなものは、そこに、おのずから、表現美とも言えるものが出ているのですね。〕
□表現されたものに接すると、おのずから、心がなごんでくる。

というようなものにも、表現美と言ってよいものが認められましょう。

このように、表現美を思わせるものは、人に、日本語の美しさを、つくづくと感じさせもします。

表現美のために、一つ、肝要なのは、修飾をどうするかということでしょうか。

修飾は、活用すべく、また制御すべきものではないでしょうか。

世のいわゆる作家は、一方で、修飾者と言えるかもしれません。修飾者が、また、修飾制御をよくしてもいきましょう。

表現美のためにまた考えられることの一つに、文章上での、用語の重複があります。

重複も好ましいことは、さきの佐々木信綱先生のお歌の「の」の重複にも明らかであります。重複の手法とも言えるものが、大事でありましょう。

ところで、和歌や俳句などの短詩形は、すくない文字数で、清大の表現世界を描きとろうとするものでありましょうか。この時、用語・用句の重複は、ずいぶん考えなくてはならないことだと思われます。

さて、「折々のうた」の平成8年5月17日には、大岡 信氏が、鷹羽狩行氏の、

二滴一滴そして一滴新茶かな

をとりあげていられます。ここでの、用語の重複の、なんと美しいことでしょうか。

「歌俳」などの短詩形の製作について

私が大学生のころのことです。東京から、佐々木信綱先生が、私どもの国語国文学教室に、臨時講師として、お見えになりました。

先生の、一週間のご講義の途中、教室から申し出て、先生に、山陽記念館や浅野図書館へのお出ましをお願いいたしました。その時、なんというさいわいであったでしょうか。私に、先生のお車の助手台へ座れという、鈴木主任教授先生からの命令がありました。

佐々木先生のお供をするうちに、先生が、しごくかんたんにおっしゃってくださったことがあります。

〝歌は下の句のほうから先につくるのがいいですよ。〟

なにげなくおっしゃってくださったこのおことばが、爾後、私には、じつに大きな教えとして、胸にとどまったのであります。

気づいてみますれば、先生の名歌、

ゆく秋の大和の国の薬師寺の　塔の上なる一ひらの雲

も、下の句のほうから先に？　と思われてもきます。

先生は、薬師寺にお立ちになって、見あげられる高い塔にかかる一ひらの雲を、ぱっととらえられたのではないでしょうか。

歌も俳句も、まったくにが手の私です。――歌をつくってみようとすることなども、ごくすくなかったのです。が、歌のまねごとをする時には、かならずと言ってよいほどに、下の句からと、心がけてはきました。

その一例を、ここに開陳してみます。

さる年、栃木県に旅行したことがあります。冬のころでした。県の東寄りの地に宿りましての夕がた、私は、はじめて経験するこちらの冬の広野に出て、入り日の光る西の方へ歩きました。その時です。地ひびきをたてて、ゴーゴーという音が聞こえてきました。行きずりの人に、

〝あれはなんという川の音なのでしょう?〟

と問うと、

〝鬼怒川です。〟

とのこと。この時、私のあたまにうかんだのが、歌の下の句、

とどろくおとはきぬがわという

でありました。

さて、上の句がなかなかできません。ここは下野の国。時は冬です。「しもつけの、ふゆの（冬野）……」などと言ってみますが、なかなか、上の句がまとまってくれません。佐々木先生の、上の句は、

ゆく秋の大和の国の薬師寺の

とあって、じつにりっぱなまとまりですね。そのまとまりの美しさを示すがごとくに、「の」文字の連出がかがやいています。

和歌や俳句のばあい、語数がすくないのですから、できるだけ、同語は重出させないようにと、私は心がけるのですが、右の、佐々木先生のお歌のばあいは、まさに、同語連出の美の創造になっていますね。

私は、そのご、右のつくりかけのものをまとめる努力をしまして、やっと五首をまとめてみたのでありました。その第一首は、つぎのものです。

しもつけのゆきてはてなきひろのはら

とどろくおとはきぬがわという

これには夕暮が歌われていませんので、「ゆうつがた」というのをつかって、上の句をまとめてもみたのでした。

じつは、「とどろくおとはきぬがわという」を得たのには、一つのたいせつな刺激がありました。かの富安風生先生の句に、

みちのくの伊達の郡の春田かな

というのがあります。私は、はじめてこれに接した時、なんとも言いようのない感銘をおぼえました。りっぱなお句と、感銘ひとしおでした。いかにもわかりやすいことばばかりがならんでいます。その五七五をすっとたどると、この句の高明純雅な句趣が、すうっと味わわれてきます。――なんという、意

味の世界の美しいひろがりなのでしょう。一々のことばの音素をたずねてみます。

イイオウオ　アエオオ　イオ　アウアアア
→→→→→　→→→→→　→→　→→→→→
みちのくの　だてのこーりの　はるたかな

となっています。「みちのくの」では「イイオウオ」ですね。静かな調子のよさがよくわかります。むすびの「はるたかな」では「アウアアア」との音素配列が見られます。「ア」音素の連続で一句のしめくくられているのが、句の、なんとも美しい安定感を感得させます。

私は、こういう俳句ができたらなあと、自分に言いきかせたものでした。

下野の国で、夕がたの野に立ち、ドウドウととどろく音を聞き、それが、鬼怒川という、前々から名を知っている川であることを教えられると、私は、ぱっととでも言いましょうか、やにわに、右の「下の句」が詠めたのでした。

しぜんに生まれたのが下の句です。が、上の句は、ものになりませんでした。ほねを折ってもみましたが、適切と思われる表現がとらえられていません。

平成時代になる前ごろ、私は、群馬県立女子大学に出講することがありました。『小さな語彙学』という題で、一週間の教室をつとめました。その仕事の中で、私は、女子大学生の、教室のみなさんに、「とどろくおとはきぬがわという」の「上の句」をつけてもらいました。みなさんが書きつけてくれたものを、いくつかここにあげてみます。

　しもつけのひろのはるかにうちわたるとどろくおとはきぬがわという

（あとは、上の句だけをあげてみます。）

しもつけのひろのはるかにせいじゃくに
しもつけのひろののはてにきこえくる
しもつけのひろのしじまのかなたより

というようなあんばいでした。

今、ここでは、あらためて、読者諸賢、ほどよい上の句をお示しいただきたく、お願いいたすしだいであります。

※　※　※

和歌・俳句、みな文芸とされるものでありましょう。その表現は、美をもってかがやくもののはずです。そのものは、すなわち、作者の心がかがやいているものでありましょう。「表現」は、つねに、いわゆる形式と、いわゆる内容との、純粋な統一体であるに相違ありません。

さて、その統一体が、他方から言えば、「文章」にほかなりますまい。文章の一態が和歌であり、また俳句であるとされましょう。

私は、和歌や俳句の修業も、文章修業としています。「文章」概念をほかにして、和歌や俳句を考えることは、しないようにしています。――表現概念そのものを抜きにして、和歌や俳句を特定視することは、危険なことではないのでしょうか。

特定視をおそれて、私は、和歌・俳句についても、あえて文章の名を冠しています。

文章一般が存在し、その中みには、さまざまの「かたち」（形式）のものがあります。何のばあいにも、かたちにとらわれ、形式にとらわれては、とらわれるだけ、心もちが、不自由になります。

文芸は、いな文芸こそは、心の自由な世界に生きるもの、生かされるものではないでしょうか。「心の自由な世界をまとめて何かを表出する」のが、諸多の文章を書くということになり、ことばを活用するということになりましょう。

心を精一杯はたらかせて求めたことば、それは、けっして、外形的な表現などではありません。形式と内容との純粋な統一体とされる表現の世界の築造のために、私どもは、心底からのことばの造出を心がけなくてはならないと思います。

短詩形の文章
——俳句の表現美——

私の青年学徒のころは、どの国語国文の教室に出ても、いわゆる文学といわゆる語学とが、まったく対立する二つのものとされていました。その世界にはいって、私は、まず、「私は文学はわからないから、語学でもやろうか。」と思いました。しだいに私は、文法の研究にはいり、まもなく方言の調査という仕事についたのでした。

「文学」はわからないから「語学」をやろう、と考えた私。こんな私をむかえた真正の語学は、ずいぶん迷惑だったことでしょうね。〝語学なんかはやらないぞ。〟と言って文学に行った、そういう人をむかえた文学も、迷惑なことだったでしょうね。

「文学」・「語学」は、まったく、二にして一、一にして二なるものではないでしょうか。

方言の勉強をしながら、教室で、私が心をとめた文学作品に、蕪村の、

菜の花や　月は東に　日は西に

があります。

どうしたことなのでしょうか。私は、教室でこの句を学んで以来、この句が忘れがたいものになってしまいました。——今日でも、この句が、いつも私のあたまの中であそんでいます。(短詩形の、この

一句の表現が、私のあたまの中につねにうかんでいます。）

近ごろ、文章をあれこれと考えるようになって、私は、とりわけ短詩形というものを問題にするようになりました。となって、俳句形は、和歌以上におもしろい短詩形として、私のあたまを占めるようになったのです。それというのも、さきの蕪村の俳句などが、私をつよくとらえていたからかもしれません。

※　※　※

菜の花や
　月は東に
　日は西に

方言研究の学徒なった私は、爾来、文芸史のことなどにはいっこうにかかわらないですごしてきたのです。与謝蕪村がどういう地位にある人なのかなどは、すこしも知っていません。

そのままで、私は、右の句、五・七・五の韻律文章を読んでみます。

まず、こういう図形に書きあらわすことができるでしょうか。

月は東に
菜の花や
日は西に

一句のおりなす対照美が、ここに明らかではないでしょうか。

この対照美をささえる要素としては、「月」「日」があり、「は」「は」があり、「東」「西」があり、「に」「に」があります。整然たる対照がここにありましょう。わずか十七文字の詩形の中に、同語が重出することは、鑑賞上、時に問題を感じることもありますが、このさいは、以上の対応事実が、よく、詩の均整美を感取させます。

上位には「は」の〔a〕音があり、下位には「に」の〔i〕音があります。この両者の対応は、大きな母音の対応から小さな母音の対応へです。〔i〕（に）が最下に来て、句のしめくくりのおちつきのよさがよく出ているのではないでしょうか。

私なりに、今、句を味わってみます。――と言っても、今、私は、句表現のことば・ことばをただくりかえし、読みこんでいこうとするばかりです。

この一句、まったく、非凡の平明とも言える表現ではないでしょうか。その平明の中からは、おのずから、枯淡の佳味が、私どもの心を動かしてきます。

奥そこの深い美相がとらえられる、とすることはできないでしょうか。

ここで、「古池や　蛙跳びこむ　水の音。」の一句を取りあわせてみます。この表現美の世界について、用語のすがたを取りたててみますれば、「かわず」とあって「とびこむ」とあります。「かわず」の語によってかもされる特定の表現気分と、「とびこむ」の語によってかもされる表現気分とは、やや異なるのではないでしょうか。「菜の花や」のほうは、用語の諸因子が、すべて平均化されているように思われます。私どもは、まったく平易感で、一句の文章表現を読みあじわっていくことができるように思われます。

短詩形の体の漢字文ですと、たとえば、

新樹。

百万一心。

のように、まったくの短句仕立てのものがあります。もっと簡潔に、のような言いかた(表現)もできていましょう。短詩形の文章表現は、力めていけば、始終、あるいはいかようにも、簡潔なものを製作することができるようです。こうした短文表現の世界で、一方に、和文、「三十一文字」の詩形が定着したことがおもしろいし、また、「五七五」の定着したことが、さらにおもしろいように思われます。(和文での、さらなる短詩形の定着は、見られないものでしょうか。)

こういう中で、俳句表現も、一つの永遠性をもって、日本語表現界に生きていくことでしょう。

私は、今、和歌よりも、より圧縮された形の俳句について、日本語の表現美を探究していきたい気もちがつよいのです。

承前　歌俳の文章

私は、和歌や俳句の修業をしたことが、ついぞありません。ただ、ときおりに、五七五七七や五七五の文章をつづってみています。

ですが、文章としての、表現としての、「和歌・俳句」には、私なりの関心があります。蕪村の句についていては、素人考えで、「なにげなしに句をなしている。」というような気がしています。また、句に力みや気ばりがないというような気もします。(力みや気ばりがあっては、詩にならないということもあるのではないでしょうか。)

私は、蕪村の句にふれて、時に、ことばがしぜんに流れているというような気がします。表現にとっては、表現者の、平生、自然の心がたいせつなのではないでしょうか。

俳人蕪村、この人は、平静・自然のうちに、ことばをあそばせている、などと言うことは、できないものでしょうか。

ことばの自然流露は、詩にとって、重要なことではないのでしょうか。

つぎには、「菜の花や」ではじまる、ほかの句を引用してみます。

○なのはなや魔爺《（摩耶）》を下《くだ》れば日のくるゝ

いかにも情景鮮明。これが、この句を一読しての、私の率直な思いです。「なのはなや」←→「日のくるゝ」とある、語句の前後関係が、つよく私をとらえるのです。そう思って、私なりの吟味をしてみますと、「なのはなや」は〔a・o・a・a・a〕の母音配列であり、「日のくるゝ」は〔i・o・u・u・u〕との母音配列であります。きれいな対立・対応ですね。句中、わけても、「日のくるゝ」とのおさめのことばが、よく、この一句を美しいものにしてくれているように思います。作者が俳句の世界にあそぶと、ことばが、しぜんにこのように出てくるのですかね。——詩の世界の美しさ。コトバの世界の美しさ。

これは、普段着のことばの世界でもありましょうか。なんらの気ばりのないことばの世界ですね。その美しさです。

大岡 信氏の「折々のうた」（『朝日新聞』掲載）には、平成九年五月七日のものに、左のご発表が見えます。

御手討の夫婦なりしを更衣　　与謝　蕪村

『蕪村句集』所収。蕪村は市井の庶民が背後にかかえる秘密を、いわば近松や西鶴が劇や小説に仕立てたように、極小の文学形式俳句の中でみごとに造形してみせた。主君に「御手討」にされるはずだった夫婦というのだから、いずれ武家屋敷の奉公人だった男女である。ご法度（はっと）の恋をしたのだろう。それが主君のなさけで斬られずにすんだ。命永らえ、今ひっそりと衣がえの夏を迎え得て。

大岡氏が、「蕪村は市井の庶民が背後にかかえる秘密を、………造形してみせた。」と言っておられるところに、私はつよく惹かれます。

ここでまた、大岡氏のつぎのものを引用させていただきたいのです。――平成九年四月二十七日の、おなじく『朝日新聞』紙上の「折々のうた」であります。

つゝじいけて其陰に干鱈さく女

松尾　芭蕉

『泊船集』所収。芭蕉没後はじめて出された、当時における最初の芭蕉全集といえる本が、門弟伊藤風国編の『泊船集』。右の句はこの本に初出の句で、近江での旅中吟という。「昼の休らひとて旅店に腰を懸て」と前書きがある。つつじの花を華やかに活けた蔭で、ひっそり干鱈をさいている女。客に供するためではなく、自分のつましい昼食の菜だろう。わびしさが、かえって生活感を生んでいる。

「干鱈」の語の出てくるところに、私は惹かれます。そのつぎは「さく女」です。句の後部で、取りかえようもない適確なことばが取りあげられています。

詩の聖人、聖とも言えようこの人たちに、語句の選択が、なんと抜群であることでしょうか。

私は、俳句表現のばあいにも、とかくその末尾を問題にしたいのです。

和歌表現にあっても、とかく下部の語句が私の心をとらえます。

つぎには、やはり大岡氏のものから、左のものを引用させていただきましょう。――平成九年六月二十九日の「折々のうた」。

間のびせる棹売りの声語尾のみが　午睡のなかで働いている
中谷　澄子

『春の手』(平八)所収。物売りの声の種類も減り、来たと思えばせっかちな拡声機の騒音ばかりというのが普通になってしまった今、この歌のような情景に出会えるのは、和歌山市の港町で暮らすというこの作者の利点であろうか。棹売りの間延びした声に昼の眠気も一層深まるが、ひょいと上がる語尾だけが醒めて「働いている」という言い方には、歌全体を諧謔と共に立ち上がらせる力がある。

やはり「働いている」ですか。歌末の一句。

歌俳みな、終結部分の語句が、よくはたらいているのではないでしょうか。歌俳、後句が生命的な部分、と言うことができないのでしょうか。

終語句には、歌意の一体者を立ちあがらせる力がありましょうか。

こういう事実を、私は、「文表現の文末決定力」とも言ってみたいのであります。

※　※　※

散文一般のばあいにも、日本語のばあい、個々の文表現での「文末決定性」ということが言えます。否、言わざるを得ないでありましょう。

現代英語ですと、ふつうのセンテンスは、

○I don't　……。

のようにはじまっていきます。述部に表現されるところ、「don't」とあれば、あとは見なくても、大意は画然と把握されます。「don't」は、否定表現にほかなりません。don'tは、早くも、表現者の否定の意向を表示しています。

日本語ではどうでしょうか。「私は行……。」のはじまりですと、「行きます。」となるのか、「行きません。」となるのか「行くつもりでしたがやめます。」となるのか、「行かないつもりでしたが、行くことにしました。」となるのか、さっぱりわかりません。センテンス末尾の語句に到着した時、表現者の決着意図は、やっと判明するしだいです。現代英語の文表現のばあいとの対差が明白ですね。こういう点で、私は、文表現一般についても、つねに、文末決定性ということを考定し、重要視してきました。歌俳の文芸のばあいにも、やはり、読点文表現の文末決定性を、私は言いたいのです。すくなくとも、「文末にいくほど大事な語句が出てくる。」とか、「ともかく文末に注意したのがよい。」とか言えると思います。

ここでまたちょっと、蕪村句を拝借してみましょう。

さくら散苗代水《ちるなはしろみづ》や星月夜

右もやはり、「星月夜」が大いにものを言っていましょう。

樋口一葉

その著『通俗書簡文』（『樋口一葉全集　第四巻（下）』一九九四年六月二十日　初版第一刷　筑摩書房）によれば、

「初午《はつむま》に人を招《まね》く文《ふみ》」に、

　春《はる》たちてよりまだ幾日《いくか》にも候はねど思《おも》ひなしの風《かぜ》の寒《さむ》からぬやうにて物《もの》のどかなる心地《こゝち》に御座候去《こ》歳《ぞ》の此頃《このごろ》は兎《と》角《かく》雪《ゆき》ふりがちにて道《みち》などもいと悪《あし》く候ひしまゝ例《れい》の稲荷《いなり》まつり初午《はつむま》はさらなり二の午《むま》も同じ事にて延々《のび〴〵》のはてはいつしか其事《そのこと》なしに終《おは》り候を

とあります。

著者の生活知識の該博周到は、私など、どのようにことばをきわめて申しても申したりないありさまです。

著者は、諸般にわたって、心深い文章例をつくってお示しくださいました。右には、そのたった一つの例の初頭部分をあげてみました。

もとより、能文能筆のあとうるわしく、私などは、著者をたたえるほかはないここちです。

ただ、今は、研究のため、一・二のことを、申しそえることにしましょうか。

「まだ幾日《いくか》にも候はねど」とあるのでは、「にも」と「候はねど」との間に、何かひとことばがあってもとも思わせられます。著者当時の世情と文章道からしては、「にも候はねど」で適切だったのでしょうか。

もう一点、申してみます。「例《れい》の稲荷《いなり》まつり初午《はつむま》はさらなり二の午《むま》も同じ事にて延々《のびのび》のはては」とある中の「さらなり」が、一つ、気にかかります。「さらなり」だけの言い放しだと、これは、文語表現での、ものごとをきっちりときめてしまうことばになりますね。そういうことを思うと、この「人を招く文」の中の表現としたら、「さらなり」が、人間関係を思わないことばのままでありすぎるのではとも、思われてくるのであります。

露伴先生のおつかいになる「ことば」

私ごときが、露伴先生から学ぶなどと申しては、烏滸の沙汰ですが、今、大御免をこうむりまして、露伴先生の、いわゆる用語に学ばせていただきたく存じます。

博学多識、――こういうことばで申しあげきれるものでは毛頭ありませんが、この大先生に、私は、「日本語表現」の本式なものを感取しています。

このことを、俗なことばで言わせていただきます。露伴先生は、「日本語完全通のえらいおじさん」ですね。

※　※　※

先生の、釣に関するお話し〈随筆〉の、ラジオでの朗読を耳にしたことがあります。聞きすすむ中で、そこにもここにも、ハッとなるおことばがあり、私は、とびつくようにして、それを書きとめたのでした。

一　海潮のうごきに関して、「そこり」という名詞をつかっていられます。「汐は今そこりになっていて、」とあったかと思います。「そこりて」など、動詞使用の「そこり」しか知らなかった私は、なるほどそうなのかと、名詞「そこり」におどろいたしだいです。

二「帆走っている」という動詞句が聞かれました。——なるほど、「帆走る」という動詞があってもよいわけですね。いえ、あって当然ということなのでしょうか。

私は、ついぞ、「帆走る」動詞など、こしらえてみたことがありませんでした。

三「道がようやくなるくなると、」とありました。私などは、「なるい」という形容詞はつかっても、「なるく」連用形などは、ついぞ思いついたことがありませんでした。

四「釣るのでありまするから、」とありました。

なるほど、先生は「〜まする」ですね。

五「叱られますか知れませぬが、」というのがありました。

「ます」助動詞は、このようにきれいにつかいたいものですね。「切り目など入れましたり、」というのもありました。

五重塔

（『露伴全集』第五巻　昭和二十六年三月三十一日発行　岩波書店）

『五重塔』のはじめをとりあげてみます。

　木理《もくめ》美《うるは》しき槻胴《けやきどう》、縁《ふち》にはわざと赤樫《あかがし》を用ひたる岩疊作《がんでふづく》りの長火鉢《ながひばち》に對《むか》ひて話《はな》し敵《がたき》もなく唯一人《ひとり》、少しは淋《さび》しさうに坐《すわ》り居る三十前後の女、男のやうに立派《りつぱ》な眉《まゆ》を何日《いつ》掃《はら》ひしか剃《そ》つたる痕《あと》の青ゝ《あをく》と、見る眼も覺《さ》むべき雨後《うご》の山の色をとゞめて翠《みどり》の匂ひ一トしほ床しく、鼻筋つんと通り眼尻《めじり》キリヽと上《あが》り、洗ひ髪《がみ》をぐる〱と酷《むご》く丸《まろ》めて引裂紙《ひつさきがみ》をあしらひに一本簪《いつぽんざし》でぐいと留《とゞ》めを刺《さ》した色氣無《いろけなし》の様《さま》はつくれど、憎いほど烏黑《まつくろ》にて艶《つや》ある髪の毛の一ト綜《ふさ》二綜《ふたふさ》後《おく》れ亂れて、淺黑《あさくろ》いながら澁氣《しぶけ》の抜けたる顔にかゝれる趣《おもむ》きは、年増《としま》嫌《ぎら》ひでも褒めずには置かれまじき風體《ふうてい》、我がものならば着せてやりたい好みのあるにと好色漢《しれもの》が随分頼まれもせぬ詮議《せんぎ》を蔭では爲《す》べきに、さりとは外見《みえ》を捨てゝ堅義《かたぎ》を自慢にした身の裝《つく》り方《かた》、柄《がら》の選擇《えらみ》こそ野暮《やぼ》ならね高《たか》が二子《ふたこ》の綿入《わたい》れに繻子《しゆす》襟《えり》かけたを着て何所《どこ》に紅《べに》くさいところもなく、引つ掛けたねんねこばかりは往時《むかし》何なりしやら疎《あら》い縞《しま》の絲織《いとおり》なれど、此《これ》とて幾度《いくたび》か水を潜《くぐ》つて來た奴《やつ》なるべし。

右は、じつにワン、センテンスです。これほどの長いセンテンスを、整然と、すじめ正しく述べおおせている文章力は、じつに、おどろくにたえたものでありましょう。

文章製作というしごとも、露伴先生にかかれば、このように、特異・独創無比のものであります。

句読点（と言っても、このさいは読点）のありようも、私の浅い見かたながら、じつに申しぶんのないものであります。

ここでは、ただ、私の勉強のため、いくらかのことがらを、つけそえてみたいと思います。

「唯一人《ひとり》、」、ここのこの言いきりが、私にも、じつにピンときます。

「一トしほ床しく、」、この言いとめの美しさ、余韻を感ぜしめて、私にも、じつにゆかしい表現に思われます。

「洗ひ髪《がみ》をぐる〳〵と酷《むご》く丸《まろ》めて」とある中で、「酷《むご》く」が、じつに、奥深いことばのように思われます。

「柄《がら》の選擇《えらみ》こそ野暮《やぼ》ならね高《たか》が二子《ふたこ》の綿入《わたい》れに繻子《しゆす》襟《えり》かけたを着て何所《どこ》に紅《べに》くさいところもなく、」、じつにりっぱですね。「繻子《しゆす》襟《えり》かけたを着て」の「た」が、じつによいと思います。

最後の「奴《やつ》なるべし」こそは、まさに露伴調ではないでしょうか。

閑話休題。右の長大な一大「文」を、なにげなさそうにやってのけた文章力のすばらしさ！　これは、私など、いくど讃えても讃えきれるものではございません。文章の神さま、幸田露伴翁！

釣魚談一則

（『露伴全集』第二十九巻　昭和五十四年七月十八日　第三刷発行　岩波書店）

本文印刷面での冒頭六行が、説き出しの一段落ということになりましょうか。引用いたします。

魚を釣らんとすれば魚を誘《いざな》ひ致すの道を講ぜざるべからず、魚を誘ひ致さんとすれば餌を善くせざるべからず。魚釣の術は先づ魚を誘ひ致して然して後起る事なれば、魚を誘ひ致すところの因となる餌に意《こゝろ》を注《つ》けざるべからざることは云ふまでも無し。古語にも、香餌の下大魚ありとは云はずや。輕き竿、利《と》き鉤《はり》の用も、魚の來らぬ上は甲斐無きことなれば、すべての機具はいかに精巧なるも、餌にして宜しからざれば功を收むるには遠しといふべし。釣魚《つり》の道も多端なれば、餌もおのづから多種にして、一時に之を説き盡す能はず。

今先づ鮒釣に對する餌に就きて聊か談らん歟《か》。

右で、私の注目いたしますのは、句読点であります。「魚を釣らんとすれば魚を誘《いざな》ひ致すの道を講ぜざるべからず」とあっても、「ず」の下には、読点「、」が打たれています。つぎの「魚を誘ひ致さんとすれば餌を善くせざるべからず」とあって、ここには句点「。」が来ています。私は、前の「ず、」に目を見はるのです。――「ず」とあっても、作者の文章表現心理では、「ず」が、単純な言いきりではないということでしょうか。なるほど、このように、独自の文章が表現されていくのですね。

右のつぎに、「………ば、………無し。」の一文が来ます。これでの「、」と「。」とは、おのおの長大の表現を背おっており、読者には、途中で息をつがせません。→というように、一文表現での前後全体が、些のよどみもないものです。（私などが、このような長い言いかたをしますと、たいていは、途中に二つも三つも点を打ってもよいような長表現になってしまいます。

さて、著者本文では、「古語にも、」とあります。ここは早くも読点です。前「文」の長大のあと、この、くぎれのよさが、いかにも清らかに光ります。「古語にも、…………云はずや。」、ここでの「にも」と「や」との対応が、文豪の簡筆美を思わせましょう。

つぎには、「輕き竿、利《と》き鉤《はり》の用も、魚の來らぬ上は甲斐無きことなれば、すべての機具はいかに精巧なるも、餌にして宜しからざれば功を収むるには遠しといふべし。」とあって、これでは、四つの読点がかなりしげくならび、さて、おわりの「いふべし」までが、かなりの長文になっています。右での、前・後の分置ぶりが、本文通達の美をよく思わせてやみません。

つぎの一文での読点二個は、一文表現三区分のきれいさを、よく読みとらせてくれます。

かくして、段落最後に来るセンテンスが、「今先づ鮒釣に對する餌に就きて聊か談らん歟《か》。」であります。「釣魚談一則」との主題にもとづく文章表現の序説部分が、「今先づ…………聊か談らん歟《か》。」との、秀抜の表現によって、高品位のものとされています。――著者の筆力高健のおもむきが明白でありましょう。

私は、右一段落を、私なりに含味して、無比の能文であることを思うとともに、「句読点に見せる文章力」との思いもまた禁じることができないのであります。

※　※　※

露伴もの（この卑俗な言いかたを、まげておゆるしください。）を読んでいて、私は、露伴という人は、本式の日本語表現が自在で、まったく、日本語通の達人!!などとも申してみたいのであります。

森鷗外　二題

一　『森鷗外自筆　舞姫草稾』から

（『森鷗外自筆草稿』〈全一冊　別冊解説付　昭和三十五年十二月十日発行　発行者　上野精一　印刷者　便利堂〉による。）

本文に、

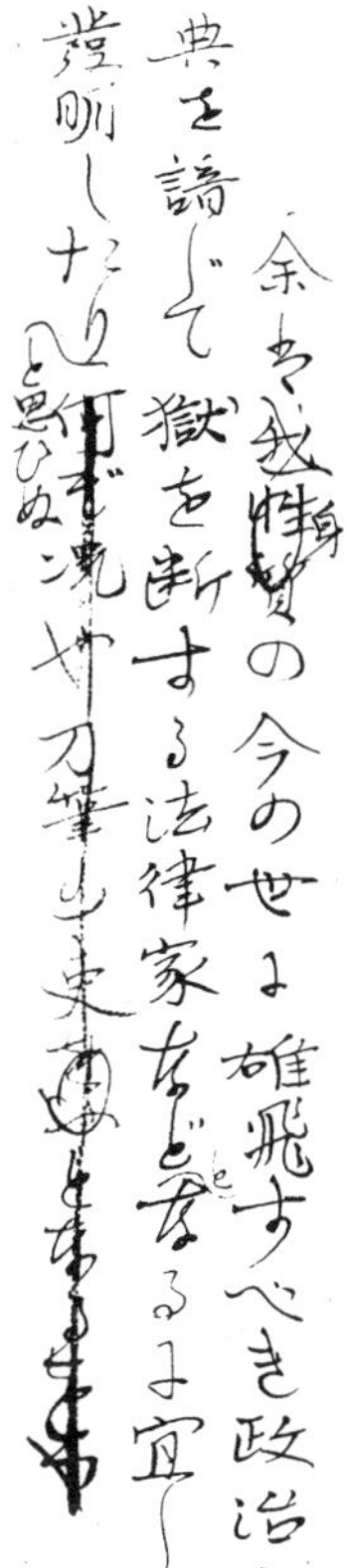
余は我身の今の世に雄飛すべき政治家、能く法典を諳じて獄を断ずる法律家などになるにも宜しからぬを覚りたり（と思ひぬ）何ぞ況や刀筆の吏などにはなるまじき

というのがあります。ここで私は、「宜しからぬを覚りたり（と思ひぬ）何ぞ」とある、「ぬ」の連出に注目したいのです。はじめの「ぬ」は、こうして最初から「ぬ」と定められ、おわりの「思ひぬ」のばあいは、最初に「況や刀筆の吏などにはなるまじき」を消しての「と思ひぬ」なので、著者が「ぬ」どめを好まれたあとがうかがわれると思います。

次頁にいきますと、四行めから七行めにかけて、

あらぬを論じて一たび法の精神をだに得たらんは紛
々たる萬事は破竹の如くなるべしなどゝ廣言しぬたり又
大學にては法科の講筵を餘所にして歴史文學に心を
寄せ漸く蔗を嚼む境に入りぬ

とあります。「境に入りぬ」と、やはり「ぬ」どめです。二行前には、「廣言しぬたり」の「たり」に長丸のしるしがつけられ、その右上に「ぬ」が書かれています。つまり「廣言しぬ」とあります。「しぬ」とあって、やがて「入りぬ」であります。著者の「ぬ」表現意欲・意図が、認められましょう。

二　『文づかひ　森鷗外自筆原稿』から

（「文づかひ」〈森鷗外自筆原稿　全一冊　別冊解題付
平成元年三月二十日発行　発行所　大阪樟蔭女子大学図書館
《代表者　杉藤美代子》　印刷所　天理時報社〉による。）

本文に、

それがしの宮の催し玉ひし星が岡茶寮《ちやりやう》の獨逸會《どいつくわい》に、洋行がへりの將校《しやうこう》次《つぎ》を遂《お》うて身の上話せさせられし時のことなりしが、こよひはおん身が物語聞くべき筈《はず》なり、殿下《でんか》も待かねておはすれば、と促されて、まだ大尉になりて程もあらじと見ゆる少年士官、口に啣《くは》へし巻烟草《まきたばこ》取《と》りて、火鉢《ひばち》の中へ灰振落し、仔細らしく身構して語り出《いで》ぬ。

とあります。右もまた、「語り出《いで》ぬ。」でおわっています。

これでは、読点の打ちかたも注目されます。「洋行がへりの將校《しやうこう》次《つぎ》を遂《お》うて身の上話 せさせられし時のことなりしが、」、このばあいは、長大の表現のあと、「、」が来ています。「殿下《でんか》も待かねておはすれば、と促されて、」、ここでは、読点が繁くなっています。

春琴抄　谷崎潤一郎

春琴、ほんたうの名は鵙屋《もずや》琴、大阪道修町の薬種商の生れで歿年は明治十九年十月十四日、墓は市内下寺町の浄土宗の某寺にある。

春琴抄定價一圓九拾錢昭和八年十二月五日印刷同年同月十日發行著者谷崎潤一郎發行所及發行人大阪市西區（中略）創元社矢部良策（以下略）

春琴抄、初め二行（印刷での）、なんという美しい表現結果でありましょう。およそどんな読みかたをしても、口調のいかにもよくととのっていることが実感されます。本文をたどってみます。「春琴、ほんたうの名は鵙屋《もずや》琴、」、点が打たれてありますが、いわば名詞どめです。

つぎに「大阪道修町の薬種商の生れで」、ここには点が打たれてなく、すぐに「歿年は明治十九年十月十四日、」とつづきます。またここで、「、」じまいです。「大阪」から「十四日」まで、一気に読ませてしかも「十四日、」どまり。――名詞どめの言いきりです。（下にかかっていく勢は感得されますね。）つぎに、「墓は………にある。」と来ますから、前の「十四日、」との名詞どめ読点に、まさに「。」ふうの重みが感じられましょう。――その重みで、下にかかっていきます。「墓は」からはじまることばは、「にある。」におわっていて、しかも「は～の～の～に」と句調がよく、ここでの説明調子の書きくだしが、いかにもよく、前者の、長い「名詞どめ」ふうの文流を受けることになります。

さて、『春琴抄　自筆原稿複製』（昭和四十五年六月三十日發行　中央公論社）を見ますと、右の「大阪道修町」は、「大阪市東区道修町」とあります。右記の本文では、「大阪道修町」とあって、「市東区」の三文字が省略されています。「大阪市東区道修町」から「大阪道修町」へ、この省筆の、なんとよく利いていることでしょう。省略によって、文脈がきりりとひきしまってきます。おのずから口調満点というところでしょう。

中央公論社発行の自筆原稿複製では、「薬種商の生れであって●殁年……………、…………。」とあります。が、右記の創元社本文では、「薬種の生れで」とあるのみです。なるほど、「であって」と「で」とでは、「殁年は」に行く文勢が、うんとちがいましょう。

文章修成のみごとなお手本がここにあります。――わかりやすくて、私などにも、「文章のしめかた」とでもいうものがよくわかります。

もう一度、「春琴、」から「にある。」までを読みかえしてみましょう。「春琴、」から「十四日、」までの、いわば名詞どめの文流が、いかにも口調がよくて、じっくりとかんでふくめてもらえるようなここちです。「名詞どめ」運用も、まことと、このようにと思わせられてやみません。これをこう思えば思うほど、つぎの、「墓は………にある。」とある説明文が、格別また、おちつきのよいものに思われてきます。

右引用の一大文（ワン、センテンス）こそは、冒頭文の風格を示して泰然たるものとも申してみたいのであります。

作者は、なみなみならぬこの書きだしのために、どのくらい、考慮したのでありましょうか。――（私はここで、文章「彫琢」ということばも思いだします。）

斎藤茂吉全集　（昭和四十八年一月十三日発行　岩波書店）　第一巻の二首

13　細り身　明治四十二年作

（この中の二首をとりあげます。）

重かりし熱の病のかくのごと癒えにけるかとかひな撫《さす》るも

「重かりし」、「かくのごと」、「にける」と文語表現がつづきます。そのあと、最後の句に来るのが、「かひな撫《さす》るも」であります。

最後句で、文語調の「かひな」のあと、「撫《さす》る」との口語が来ています。「重かりし」からいくど読みくだしていってみても、最後の「撫《さす》る」というのが、私は、どうも気にかかるのです。作者の真意は、どういうところにあるのでしょうか。

おとろへて寝床《ふしど》の上にものおもふ悲しきかなや蠅の飛ぶさへ

「おとろへて」の「おとろえる」は、口語でふつうよくつかわれているというものではないでしょう。

――いわば、文語調にいきがちのものでありましょう。「寝床《ふしど》の上に」とあるのでは、「寝床《ふしど》」の文語性がすぐにあたまに来ます。「ものおもふ」もまた、文語調のものでありましょうか。「悲しきかなや」がまた、明らかな文語調であります。つぎ、「蝿の飛ぶさへ」となっては、これの語調が、口語味のものになりましょう。

和歌一首の表現体にあって、中の詞句それこれの表現位相が、かならずしも斉一〈等価的?!〉でないのは、気にかかります。

會津八一全集　（昭和三十四年四月一日 三版 中央公論社） 第四巻の二首

地獄谷にて

いはむろ　の　いし　の　ほとけ　に　いりひ　さし　まつ　の　はやし　に
めじろ　なく　なり

全集の各和歌は、すべて、かな文字表記によっています。著者の趣意は、もっぱらひらかなを用いるにあります。この徹底が、すでにすでに著者独自であり、今日、作歌界無比であります。

著者の分析表記に、一貫して、てにをは（助詞）の、特定分子として、分かち書きにされているのが注目されます。「めじろ　なく　なり」のようなばあいの分かち書きは、てにをは前後をあけることへの従属作業のようにも思われます。

「いはむろ　の　いし　の　ほとけ」のように、「の」助詞が、劃然と佇立せしめられているのは、いかにもよく、「の」の、和歌一作中の重要性を思わせてじゅうぶんでありましょう。「に」の来るばあいも同様であります。

読者は、作者の和歌表記に対面して、たしかに、てにをはを深読させせられましょう。

私も、こういう文(文章)表現に対面して、てにをはの機能的重要性を確認せしめられます。著者の分別書き手法が、明確に、歌句における「てにをは」の重要性を思わせます。

東大寺にて　(——二首のうちの第二首)

あまたたび　この　ひろまへ　に　めぐり　きて　たちたる　われ　ぞ　しる　や　みほとけ

「われ」は、「あまたたび　この　ひろまへ　に　めぐり　きて　たちたる」であります。その「われ」が、「ぞ」と強調されています。この「ぞ」までの表現に対応するのが「しる　や　みほとけ」ということになりましょうか。

この対応表現は、著者のどのような深層心理をうかがわせるものなのでしょう。「しる　や」とあるのが、やや異色にも思われます。

※　※　※

古往今来、會津八一氏の和歌表記(—→表現)に同似の方法を採る和歌作者はほとんどいられないのではないでしょうか。それはなぜなのでしょう。

私は、和歌表記で、表記(—表現)意欲に燃え、分かち書きの方法など、種々の表記手法を見せてくださるかたがたが、多くてもよいのではないかと(なお〱多くなればと)思う者です。

エドワード・サピア著『言語――ことばの研究序説――』
（安藤貞雄氏訳　岩波文庫　青 686.1）

藤原与一前言

言語の学と文芸の学とが、相関の二者であることは、自明でありましょう。内外の諸家に、これについての思惟・発言があります。

つぎには、エドワード・サピア氏（1884–1939）の『言　語』を見ます。本書は十一章から成り、その末章、第十一章が、「言語と文学」であります。つぎには、この第十一章の中から、数カ所を摘記してみます。

（三八一ページ）

言語は、われわれにとって、思想伝達の体系以上のものだ。言語は、われわれの精神がまとっている目に見えない衣装であって、精神のすべての象徴的表現に予定された形式をあたえる。その表現がなみなみならぬ意義を有する場合、それは文学と呼ばれる。芸術はすこぶる個人的な表現なので、芸術が、なんであれ予定された形式に束縛されるのを、われわれは好まない。個性的な表現の可能性は無限であり、言語は、とりわけ、媒体のうちでもっとも流動性の高いものだ。

（三八一〜二ページ）

大理石、ブロンズ、粘土が彫刻家の素材であるように、言語が文学の媒体である。すべての言語は、それぞれ独自の特色をもっている以上、ある文学に固有の形式的な制限——および可能性——は、別な文学のものとそっくり同じであることは、絶対にない。ある言語の形式と実質から作りあげられた文学は、その母体の色あいと生地とをもっている。文芸作家は、この母体によって、正確にどれほど妨害され、助けられ、あるいは誘導されたか、一度も意識しないかもしれないが、その作品を別な言語に翻訳する段になると、もとの母体の性質が、ただちに、はっきりと現れてくる。作家の狙ったすべての効果は、かれ自身の言語の形式的な「精神」に照らして計算されている、あるいは、直観的に感じられている。

（三八七ページ）

たとえば、シェイクスピアやハイネのような詩人たちは、この一段と深い直観を、かれらの日常のことばの地方的なアクセントに適合または調節することを、無意識のうちに心得ていたひとたちである。

（三八八ページ）

あらゆる言語は、それ自体が集合的な表現芸術である。

（三九八〜九ページ）

言語は、いつでも、芸術家の個性を明確に表現する用意ができている。あるいは、すぐにもその用意をさせることができる。かりに、文芸作家が一人も現れないとしても、それは本来、その言語が道具として弱すぎるためではなく、真に個性的な言語表現を求めるような人物が育つには、その民族の文化がまだ熟していないためである。

人間のことばは 愛のことば

〜世界の共通語も　人間愛ということば〜

「人間のことばは愛のことば」と唱えて自戒を

おこがましいことながら、私は、どうしても、「人間のことばは愛のことば」と、考えて行きたいのであります。――行かないではいられないのであります。

現実には、私の実際生活など、そのことばが、「愛のことば」の生活になってはいないことが大部分です。が、その不敏のゆえにも、一方では、「愛のことばの生活」を希求してやみません。

はじめに

旧年時、長期・短期の海外旅行で、おのずと私のたいせつなテーマになったのは、つぎの二つのものです。

「人間のことばは愛のことば」
「世界の共通語は人間愛」

世界の諸国で、諸民族を越えて、私が痛感してきたのが、上の二つの題目事項です。どうあっても、私には、世界の共通語が、人間愛でなくてはなりませんでした。また、そういう中での、人間のことばは、愛のことばでなくてはなりませんでした。→おのずと、愛のことばにならざるを得ないのではないでしょうか。（私には、じつにじつに、そうでした。）

私は、妻とともに海外に出ることをつねとしましたので、おりあるごとに、よけいに、「人間のことばは愛のことば」「世界の共通語は人間愛」を痛感したわけです。

本書では、ひとまず、「人間のことばは愛のことば」を問題にします。

諸外国語に不明な私、どの国を訪ねても、私にはその国のことばでものを申すことが、ままなりません。ただ、英語一つが、せめてものよりどころでした。これに生きて、いっしょうけんめい、相手がたとの流通をはかるとき、おのずと、ただの英会話ではすまされなくて、〝たのみます。たのみます。〟といったような気もちで、心をこめて、なにか、ものを言おうとしたのであります。その時、ありがたや、いつも私のなにほどかが、先方に受けとられました。ことばよりもさきに、心が先方に伝わっていったかのような気もちが、いつも胸に浮かびました。しょせん、ことばは心なのでしょうね。

まちがいなく、けがれなく、心を清らかなままに、私のことばが相手に受けいれられたとすれば、それは、客観的に申しまして、「愛のことば」とも言えるものではないでしょうか。

私どもは、諸国で、さまざまの厚遇を身にすることができました。その幸福・光栄は、いまも胸にあざやかであります。その胸のうちで思いかえしますならば、外国のそこそこで、私どもは、やはり、「人間のことばは愛のことば」を体験したことになります。

世界の国々で、国がらを越え、民族を越えて、通じあえるもの、それを、わずかながらもささえうる私どものことばは、僭越ながら「愛のことば」と言えるものにほかなりませんでした。

※　※　※

ここで、ふと思いおこすことがあります。私どもの、いわゆる方言調査。このしごとの中で、私などは、つねにつねに、「人間のことばは愛のことば」との精神に生きてきたのであります。

これなくしては、相手がたは、寛容に、私どもを受けいれてくれるはずはありません。心の底からの受けいれ、これが相手がたにおこりますのは、じつに、私どもが、「人間のことばは愛のことば」の精神に生きた時であります。

路傍のおばあさんが、草とりをやめて、しゃがんで、休息をしています。そこへ、私どもが通りかかりました。〝おばあさん！〟とあいさつします。やがて、おばあさんとの会話がはじまります。おばあさんの気もちがだんだんはずんできて、ついにはお泣きになりながら、そのつらかった、またつらい、人生のくさぐさを語られます。こんな時、おばあさんのことばも、私どものことばも、畢竟、「愛のことば」になっているのに相違ありません。

「愛のことば」！　これは、なんという、私どもの宝であることでしょう！

さて、その愛のことばが、人間自然のものでありますから、なんら、造作めいたものにはなりませんね。精神の純粋そのことからこそ、人間の「愛のことば」がうまれてきます。

「ことば」というもの

私どもは、あけても暮れても、ことばをつかって生活しています。――ことばなしにでも、生活できますが、ないところに、無言のことばが生きています。「人間」と「ことば」。この二つのなんと必然的なむすびつきのものであることでしょうか。

むすびつきの必然が、「ことば」のだいじさをよくあらわしています。

私どもは、どんなことがあっても、ことばから逃避することができません。逃げても逃げても、その逃げる道々で、ことば・ことばの生活です。（胸の中では、なんといろいろなことばの血走っていることでしょうか。）

今、私は、「ことば」を、深く深く尊敬しようと思っています。「尊敬する」と言っても言いたりないことば、それゆえに、私は、ことばを追っかけまわし、ことばにしがみつきたい気もちでもがきます。追っかけて行くその先を、チラチラと光を発しながら遠のいていくことば。――いいものですねえ。チラチラしながら遠のいていくことば。

「ことば」の詩が、無難にうまれてくるといいのですけど。

「心美しいことばの生活」からうまれてくるもの→「愛のことば」

「愛のことば」は、人間にとって、もっとも願わしいものでありましょう。しぜんに「愛のことば」が出るような人間であり得たら、どんなにけっこうなことでしょう。

今、私は、「愛のことば」のために、「心美しいことばの生活」をと考えています。

「心」を「美しく」保つことにつとめる生活とあれば、これは、日々、けんめいの努力によって、招き寄せることができるのではないでしょうか。（――けんめいということは、こだわりなしに考えられるものと存じます。「いっしょうけんめい」と力まなくてもよいと思います。まじめに求めていくというのでよいと思います。）

私は、〝まじめに〟とだけ思っていけばとも考えとっています。

二・三日に一ぺんでもよいのでは？　この程度のことをしても、「心を美しく」との心がけはそだつのではないでしょうか。

私は、自身、〝心美しいことばを〟と言いつつも、なかなか美しくはいかないことを思い、これを問題にすることを恥じらってもいます。――が、要は修養心がだいじ、としています。

人間のことばは愛のことば

私どもが、まがなすきがな口にしていることば、〈口にしないでも、口の奥で何かと思っている心〈のコトバ〉〉、これが、〝人によくつながっていこうとすることば〟、つまりは、人に対する「愛のことば」であったら、なんとよいことでしょう。

「人間」と書くことば、これは、「人の間」とあります。つまり、人間という者は、人と人との間がらの中に存在しているのですね。たとえひとりであっても、その者が、おのずと相手がたを求めています。その意識のないばあいにも、夢の中でなど、よく相手がたを見たり思ったりしていましょう。昔の人も、もの言う相手のない時、土地に穴を掘って、その穴へことばを言いこんだというではありませんか。ことばを持っているということは、そもそも、人間として、他の人につながろうとしているということなのではないでしょうか。

つながるうえで、争いをおこせば、そのにくしみの中で、人はもだえることになります。けんかなどから立ち直った時など、なんとあと味のわるいことでしょうか。そのあと味をかみしめさせられるのが、人間としての自分なのですね。

どうあっても、「人」は「人間」の一人一人です。「人」の前には、そこに入って生きて行かなくてはならない社会があります。

さてその社会は、本質的に、人の「和の世界」と考えられるものではないでしょうか。

永遠性の「和」を保証するものは、人間の善意の愛です。

人間愛のことば——古来の教え

思えば、私どもは、「人間愛のことば」と言うべきものを、古来、ずいぶんいただいてきているのですね。こういうものを、とりあげて思い深く、しみじみと味わってみることが、私どもには、たいせつなのではないでしょうか。

一

私は、広島高等師範学校生徒の時、恩師の北村闇然先生から、『孟子』の中の、つぎのことばをいただきました。——先生が長い紙に、大きく書いてくださったのであります。

三軍可奪帥也

匹夫不可奪志也

お書きいただいたものを、軸物にして、私は、今日まで、ずっと座右にかかげてきました。朝夕、私は、北村先生のこのお書き物の前で、姿勢を正し、拝誦させていただいています。

世に、人間の道を示しうる人間愛のことばが、どんなに多くできていることでしょうか。私は、一夜、目覚めて、このことを考えはじめ、ついには、寝どこであおむきになったまま、カードに鉛筆で、いろいろなことば、先人のおことばや、世上におこなわれているそれこれの言いぐさなどを、書きつけました。

二

学生時代、私どもが習った漢文に、つぎのことばがありました。

不及堯階三尺高

中国のむかしの天子、堯という人のお住まいの階段は、三尺もなかったというのですから、それはそれは、簡素な王宮だったわけですね。――大御殿をつくるのとは大ちがいです。それでいて、堯帝は、じつに古今の名君主でした。

とあっては、私どもは、上のことばから限りもない教えを受けることになりますね。人間愛の広大なおことばがここにあるということになります。

三

もとよりのこと、日本でも、古来の典籍に、いろいろな、人間愛のことばが見られます。かの有名な

『徒然草』にも、そうしたことばが、じつに多く見わたされるのではないでしょうか。
私は、古歌の中の、左の歌を今、思いだします。

おもふこといはでぞただにやみぬべき
われにひとしきひとのなければ

一つの、深刻な思いとりを表現したものでありましょうが、私は、頭の下がる思いを禁じ得ないのです。一種、悲しい思いとりともされましょうが、こうした諦忍が、私どもへの大きい教えにもなっていると、私には思われるのです。つまりここに、作者の人間愛のことばがうかがわれると、私は考えてみたいのでもあります。

四

天は自ら扶くるものを扶く

これもまた、大きな教えですね。
教えのことば、それは、人間愛のことばにほかなりますまい。

五

ここで、民間に伝わる、いろいろな言いぐさをとりたててみましょう。

稼ぐに追いつく貧乏なし

というのがありますね。言われてみれば、なるほどそのとおりです。言いまわしはおもしろくても、教えるところは深刻です。

これも、たいした、人間愛のことばと言わざるを得ないでしょう。

ちがった語り口のものに、

負うた子に教えられて浅瀬を渡る

というのがあります。なるほど、おんぶされたお子さんには、浅瀬がよくわかったのですね。上の言いぐさからは、私どもみな、多くの反省事項を思いとるでありましょう。そのような思いとりをさせるのが、上の文句から発散する人間愛であるとされます。

こんどは、「おや心」の例です。

這えば立て立てばあゆめのおや心

とあります。まったくそうですね。おやは、つねに子を思い、「這えば立て」、「立てばあゆめ」との心になります。

六

民間の、おもしろいものをとりあげてみましょう。

あきないは牛のよだれ

なるほど、牛のよだれのように、焦ることなくあきないをしたのがよいですね。「堅実」の教え！

犬も歩けば棒にあたる

私どもは、これから、どういう教えを読みとればよいのでしょうか。

七

世の中には、そこはかとなく散らばっているような言いぐさが、たくさんありましょう。ですが、これらを一々とりあげてみますと、なるほどとか、いかにもとか思わせられもするものが多いように思われます。私どもへの教えの、おのずからにじみ出ているものが、だんだん見あたります。

こうしたものを、すてることなく、だいじに味わってみることが、必要なのではないでしょうか。人間世界での、無名の多くの人たちの共作とも言える体のものが、だんだん見つかるに相違ありません。私は、そこに、人間愛の社会が見えてくるようにも思えるのです。

美花のような愛のことば

美花三輪、思いえがいてみます。

午後四時すぎだったでしょうか。近所歩きの散歩をしました。

そこへ小学一年生らしい嬢ちゃんが帰ってきました。大きなカバンが歩いているのかと思われるような姿で、かわいさ満点です。小がらな嬢ちゃん、さっさと歩いてきました。

私のほうから、〝オカインナサイ。〟と声をかけますと、嬢ちゃんは、威勢よく〝今日は！〟と答えてくださいました。

私は、双方の距離が開いたころおい、そっと、うしろをふり向いてみました。また、カバンと足とが大きく私の目にはいって、私の胸の内が、あたたかくなりました。――（私は、自分の胸を見つめて、嬢ちゃんのさっきのことばを、「愛のことば」と思いかえしました。）

近所歩きの私が、夕がたちかくに、崖の根もとのほうの道で、ときに見かけます幼女さん。お母さんにつれられて、まったくのよちよち歩きです。

私は、いくどかこの母子さんに出あっていますので、きょうもまた、小ごしをかがめ、幼女ちゃんに、〝今日は。〟とあいさつしました。

幼女ちゃんは、まだ、ことばらしいことばは言えないようです。が、私にいくらかはなれてきてくださったのか、なんとも言えぬえがおで、にこっとしてくださいました。それに合わせて、お母さんもごあいさつでした。

母おやさんは、私を見おぼえていてくださるので、老人をなぐさめることばをかけたりしてくださいます。その間、じっと私を見ていてくださるあかちゃんが、やはり、私になれたひとみを見せてくださるのです。

私は、この母子さんから、どんなに美しい「愛のことば」をいただいていることでしょうか。

こんどは、中学生女のお話しです。

右の幼女さんに会う、その道を歩いていて、私は、ときおり、学校帰りの、中学校女生徒さんらしい人と出あいます。

私は、見おぼえができていますので、やや遠い所からでも、たのしく、〝お帰りなさい。〟と言うことができます。

中学生さんも、見おぼえているらしいようすで、さっさ歩きもにこにこ顔で、すれちがい直前、きれいなおじぎをしてくださいます。

中学生さんともなりますと、りっぱなおじぎです。それにふさわしいあいさつことばが出てきます。私は、ふくよかな気もちになり、通りすぎたあとの嬢ちゃんを見かえしたりします。

美心美言

人間の「愛のことば」が、おさない子どもたちによって発せられたばあい、聞くだに美心美言であることが、すくなくないでしょう。

ここにあげます一例は、孫女恭子のおさない時の発言です。

〝恭子のいちばんほしいものはこれ!〟

と言いました。この子は、お年玉よりもスパゲティーのほうに心を寄せ、そちらを指さしたのでした。

この恭子がまた、つぎのようなことを言いました。

〝もっと、雪のきれいな時うまれるねえ。〟

あかちゃんを待つ心を、恭子は、こう表現したのでした。

じつは、去年、〝雪の降るころにうまれる。〟と教えられました。——去年来、雪を一度ならず見ましたが、まだすこしで、雪がすぐによごれたのでした。

恭子の、あかちゃんを待つ想念、なんと美しいものであることでしょうか。

未知の他人さんからの「愛のおことば」

毎朝、遠《トオ》歩きをしていたころのことです。朝々、雨もようの日にもお会いするおじさん（私よりは二十歳くらい若い？）がありました。

腰を痛めた私は、変なかっこうで歩いていて、おじさんには、〝むりをするな。〟とか、〝こういうさむい日には休め。〟とかと、よくいたわっていただきました。私は、そのブッキラボー調子の「男ことば」、敬語法の言いかたなど全然ない物言いに、発言の「真言」そのものを痛感し、いつも感謝したのでした。

だいぶんよくなって、歩くかっこうもまああといった程度のころのことです。気もちよく海岸に出たところで、おじさんに出あいました。やにわにおじさんがおっしゃってくださったおことばは、

○キリョク（気力）ジャ　ノー。歩きようが本ものになった。

というのでした。重ねて、「キリョク　ヨノノー。」ともありました。

重ねての、「愛」のおことば！

私は、うれしさに、発奮しないではいられないここちでした。


〝おだいじに。〟


老年の私は、毎日、四・五十分くらいをかけて、近所歩きをします。——脚がたいせつですから。

年末の、もうさむざむとしてきたこのころも、やはり歩いています。

いつものうら道を歩いていますと、むこうから、小がらな若嫁さんが来ました。お目にかかることがいくどかあった記憶のかたですから、私は、おじぎをして、ひとことふたこと申しあげながら歩きました。先方さんは、ごくいさぎよいお声で、

〝おだいじに。〟

と言ってくださいます。一度ではすまされなくて、ふたたび〝おだいじに。〟と言ってくださいました。

感銘ひとしおの私、歩きながらも、思いかえして、ごあいさつのかたのほうをふりかえって見ました。と、ありがたや、先方さんも、ふり向いてくださったのでした。しかも、二度、ふり向いてくださいました。

以心伝心。私は、これこそ以心伝心だと思って、心で、深く深くおじぎしたのでした。

わずかの時間ですが、外歩きにつとめています身の私、毎日、見ず知らずでもある多くの人たちに守られています。

人間のまじわりは、受け身の私から申して、じつに、愛のまじわりですね。

人間まるごと、愛のまじわり！　その人間から愛のことば！

教育愛のことば

教育上では、叱っても、心からのそういうことばは、愛のことばになりますね。

「教育」の場ではなくても、〝真実の教育のことば〟のなんと多いことでしょうか。それみな愛のことばです。

むかしから、学園には、名物教授などと言われているかたがありましたね。今もでしょうか。そういう先生、ガミガミ屋みたいな先生が、深い愛情を持った先生だったりしますね。

思い出しました。私にも、大槻先生という、名物の哲学教授の思い出があります。お時間に教壇に立たれたのを見ますと、お洋服のバンドが、ぐるぐる巻きのへこおびでした。この先生が、叱咤激励型のきびしい先生で、私どもは、その見幕におそれいったのでした。

が、この先生が情の先生でもあることが、ふとしたことで、痛感されもしたのです。

私が先生に、廊下で、ひとことおわびした時のことです。先生は、殊に大きなお声をお出しになって、〝諒解々々。〟といった感じのことをふたこと・みこと言われ、さっさと行かれたのです。

呆然として立ったまま、私は、先生のおことばを、ありがたくかみしめました。

私が小学校低学年生であった時、女性の、小がらな河上先生というかたが着任されました。ある時、教室で、私は頭がいたくなりました。先生は、これをお聞きくださると、〝よしよし。お医者さんがみてあげよう。〟とおっしゃって、私のひたいにお手を当てて下さいました。

このあとのことが、今、思い出せません。けれども、私は、この時以来ずっと、河上先生をお慕いしたことを、今もよくおぼえています。——やはり、純愛とも言える、ありがたいおことばがあったのではないでしょうか。

幼稚園保育園での先生がた

私の近くでのばあい、先生はみな女性のかたがたです。

先日は、この幼稚園で、年一回のおゆうぎ会・展示会がありました。

私は、近くなので、年来、先生がたとしたしくおつきあいをしています。催しごとのばあいなど、参上しては、先生がたと会談してきました。

そのつど思ってきたことです。先生がたはみな、ご指導に苦労していなさるなと。なにぶんにも、相手はおさないんですから。

そのご苦労は、要するに、ご指導のおことばに結晶しますね。

これまで、いくらか参観もしてきました私、要するに、ご指導のおことばは、これみな、あたたかい「愛のことば」とされるものにほかなりません。――まったくそうなのだと、私は痛感してまいりました。

子どもさんたちが走ってもころんでも、それをとり守る先生がたのおことばは、生き生きとした「愛のことば」です。

例外がありません。たとえお叱りになる時があっても、先生は、相手の「幼児であること」をすぐに思われ、愛情のおことばをおつかいになります。

幼稚園に保育園に、つねに、「愛のことば」の花々が開いています。

先日お会いした先生がたのお顔を、今も思いおこします。主任先生さんは、早くも私をお見つけくださって、ごくおやさしいまなざしで、私をおいたわりくださいました。展示場では、にぎにぎしく美しいその大部屋にいらした先生が、やはり私をよくおぼえていてくださって、ニコニコ顔のごあいさつをくださいました。

小学校先生の「愛のことば」

これは、申すまでもない、きれいな現実でありましょう。

そういう中で、私が感銘した、ひとつのことがあります。

かつて今治市〈愛媛県〉で、小学校国語教育研究会に出席した時のことです。女性の先生が、低学年のクラスで、国語の授業をなさいました。そのお時間中のことです。（教室のうしろには、父兄参観の、多くはお母さんがたがならんでいられました。）

時間なかばのことです。先生の問いかけられたのに対して、教室の多くの子どもさんたちが、〝はいはいはい！〟とばかり、きそって手をあげるひと ま く がありました。

これに応じられた先生、ひとまず手のあがった中のひとりに答えさせ、やおら、

〝だれそれさんも、手をあげようとしたのよねえ。〟

とつけそえられました。この時、右から二列めの一番うしろの席の女のお子さんが、ポーッと顔を紅潮させました。参観の私にも、そのうれしそうな恥じらいの表情が、なんともかわいく美しく見えました。

先生の推察表現のおことばが、まさに、すぐれた「純愛のことば」だったのですね。

すぐに私の気づいたことがありました。参観中の、左寄りのほうのお母さんがたの中の一人、小がらなお母さんが、伸びあがるようにして、そのポーッとなったお子さんを見やったのでした。これもまた美景、私も感動してそのお母さんの胸中をお察ししました。

出席にしておきましょう

私の広島高等師範学校生徒時代のことです。三年生の夏でした。

朝がた、下宿屋の二階部屋で、目もさめやらず、ごそごそしていますと、下の路上から、友人たち二・三の、

〝フジワラー。フジワラー。〟

というよび声が聞こえてきます。

やっと目をさましますと、なんと、朝も朝、たいへんな寝すごしではありませんか。一時間めの体操を運動場でおわった学友たちが、校舎への帰りがけに私の下宿に寄って、大ごえでよび起こしてくれたのです。

この時ほど、おどろきあわてたことはありません。無欠席を通していましたのに、なんという残念なことをしたのでしょうか。

じつは、前夜は、ずっと謄写版刷りをやっていたのです。半紙四枚つなぎでの言語地図づくりを心がけて、謄写版原紙一枚ごとに、応分の図形を書き、それを印刷していたのでした。おわったのがいく時ころだったか、おぼえていません。

友だちには遅れて、私は学校に駆けつけました。体操教官室にまっ直線です。お部屋にはいりますと、

さいわい、杉浦先生が立っていらっしゃいました。そのお前に進み出て、私は、いっしょうけんめいに、ゆうべのことを申しあげ、体操の時間の欠席をお詫びいたしました。

こうべをたれたままじっとしていた私に、先生のおことばがひびいてまいりました。

〝出席にしておきましょう。〟

私は、「天の声」とも思えるこのおことばをうけたまわって、地にはいつくばうような思いになりました。

※　※　※

のちに、私も、教職につく身となりました。長い年月、種々の学校に出ました。

この間、私は、杉浦先生の、あの晴れやかなおことばを、つゆも忘れないようにと心がけました。

年来のかかりつけのお医者さん

「君」とよばせて頂きます。国政君の医学部入学時以来、私は、彼氏と深くつきあってきました。ずいずんおせわになってきました。

老年の今は、何から何まで、すぐに国政君に問いかけます。電話で。

そのつど、国政君は、よくわかることばで説明してくれ、私の健全を保証してくれます。

こないだは、こんな説明教示がありました。

〈私〉 あのくすり《下剤》、毎晩飲んでもいいですか？
〔国政君〕 いいですよ。歩く時に杖をついたり、目がねをかけたりするようなものですよ。毎晩飲んでもかまいません。

思えばめずらしいたとえ！ 国政君には、このたとえがすぐにうかんだようです。いかにも、しぜんなたとえのわかりやすさ・ありがたさが思われます。私は、兄のたとえを口ずさみながら、安心してそのくすりを飲むことにしました。

と、存外、それを飲まないですごせています。

なるほど、医は仁術!! 「人を助けることば」の術。

※ ※ ※

国政兄が、やはり電話の中で、ひとりがたりふうに言ってくれました。

〝どこからああいう勢力が出てくるんですかねえ。〟〈平成八年八月三十一日〉

私は、兄の下さったおことばを銘記して、たびたび読みかえしもし、勉強につとめています。――国政兄の愛のことば！

そういえば、「勉強」ということば自体も、「強いて勉めよ。」との〝愛のことば〟なのですね。

榊　莫山氏から与えられたおことば

平成四年六月一日、ＮＨＫ「人間大学」との放送で、莫山先生から聞かれたおことばです。

〝好奇心がなくなると、創造力はどこかへ行ってしまう。〟

なんとりっぱなおことばであることでしょう。

私はこれを座右の銘とも心得て、しるしたカードを、つねに身辺にそなえています。

このおことばをうけたまわって以来、私は、ずっと、莫山先生のご発言に留意してまいりました。先生に、一貫したものがございます。それを、先生は、悠容せまらず、ご微笑のもと、発言して行かれます。――これを、テレビで、いつうけたまわっても、その一々が、私には、日常必須のお教えなのです。

人間愛のおことばに、つねに徳が感取されます。

兄弟三人さんのことば

せんだってのこと、行きつけの眼科医院で、すばらしい光景に接しました。

五十歳がらみの男性・四十歳代の男性・三十歳代らしい男性、この三人がはいってきて、四十歳代の大がらな男性は、かわいい小さなおばあさんをかるがるとだっこしていました。

おばあさんが診察室へつれて行かれたあと、残った年長の人に、私は思いきっておたずねしました。

〝お母さんですか?〟
○〝そうです。〟
とニコニコ顔!
○〝みなさんのお母さんですね?〟
○〝そうです。〟→とまたニコニコ顔。
またお聞きしました。
○〝みなさんがお小さい時、お母さんはきびしかったですか?〟
ご返事は、〝いいえ。ちっとも叱りませんでした。〟

この長男さんが、つぎの話してくださいました。
○〝わたしらは、みんなそれぞれに勤めていますが、おたがいに話しあって、年二十日の有給休暇のうち、五日ほどは、みんな、つかわないでとっておきます。さあという時には、みんなこれをつかうんです。〈だから、こうしていっしょに、そろって出動することができるんですとのことでした。〉
人間のことばは愛のことば! 長男さんのおことばには、ただただ、敬して頭をさげるほかはありません。

愛の行動もまた「愛のことば」

雨降りの時のことでした。傘なしで散歩に出た私が、大雨に降られながら帰ってきます。そのところへ、左うしろから、トットットットッと走ってくる音が聞こえます。そのご婦人が、ものも言わないで、〝これを！〟といった動作をしながら、白色のビニール傘を振ってくださいました。ずぶ濡れの私、なんと感激したことでしょうか、今、思いだしても、涙が出てくるほどです。「愛のことば」の声なき声が、こう書いている今も、私の耳にひびく思いがします。

ことば、声にもならぬことばが、じつに有力な生きことばとなるのですね。

世の中では、こういった、声にならぬことばのおこなわれることが、じつに多いですね。

「徳」には、陽徳と陰徳とがあります。陽徳の美しさもさることながら、陰徳の美しさには、また格別に、あたまの下がるものがあります。

「ことばならぬことば」というのにもちかい、かんたん・簡潔なことばもありますね。――私どもの日常生活には、これが、じつに多いのではないでしょうか。道行くおばちゃんが、よちよち歩きの子どもさんを見て、〝おや。〟といったりします。これは、「おやまあ、いいのね。」といったような気もちのものなどでしょう。簡潔な、いわばことばの端っこみたいなものが、じつにゆたかな表現力を示します。小学校の教室などでは、低学年の子どもさんたちが、よく、〝先生！〟とよびかけていましょう。言いたいことは、そのつぎにあります。さて先生は、早くも子どもさんの心もちを察して、〝よしよし。〟といったあんばいに、子どもさんの要求を満たしてくださるのですね。

けさ、ご夫君が、ある集会に出かける時は、カラカラの上天気でした。だのに、午後からは雨が降りはじめまして、やがてそれが、本降りという調子になりました。家のおくさんは、これは、と考えて、傘を持っていきます。集会所の表ぐち脇に、その傘をそっとおきました。すなわち無言のままです。おいておく傘（おき傘）、これが、どんなによく（多く）、夫君への愛情をものがたっていることでしょうか。

黙っておじぎをする習慣は、世に通用のものでありましょう。しかしこれがまた、愛のことばの内在するものにほかなりますすまい。

「目にもの言わせて」との言いぐさがあります。こういうことも一種のだいじなことばづかいだと言えましょうか。

家に飼っている犬・猫、これらに対しても、その家の人たちが、どのように多くことばを用いていることでありましょうか。むろん、叱ることばも多いでしょうが、それも、広い意味で言えば、家のものへの愛情表現にもなっていると考えられることが多いでしょう。猫ずきのおばあさんなど、昼までのくつろいだ時間に、縁がわで猫とあそんで、しきりに、ひとり会話をたのしんだりしています。自ら納得して、愛情を傾け、それをことばにあらわすのが、おばあさんなどのたのしいひと時なのですね。無言の者を相手にして有言の生活をたのしむとあれば、これは、おのずからにして、愛のことばの生活になっています。

夏のころ、農村で、家々が、田しごとにいそがしい毎日になります。家族全部が出て行く時には、つばめの巣に気をつかって、おもて口をすこしあけて出かけます。巣には子つばめたちがそだち中で、おやつばめが、間なしにえさをもって出はいりするのです。私など、子どもの時、どうしておもて道をきっちりとしめないのかと思ったものでした。今にして思えば、おやつばめさんの出はいり用に、おとなたちは、たいせつな心づかいをしていたのでした。

中には、板戸はすこしあけて、障子戸はしめきったうちがありました。しかしながら、その障子戸のいちばん端っこの下のほうに、障子の小さなひと枠分だけ、障子紙をぴらぴらに貼っていて、そこはつばめの出入り口となっていたのです。家人の美しい愛情がここに見られたわけですね。

生物・無生物に対しての、人間の愛の至上が、美しく光ります。

私のうちでも、少年時、つねに牛か馬かが飼われていました。農作用であります。朝晩、きまって食物を与えました。おもに祖母がその常食を用意して運びましたが、ときには、私なども運ぶことがありました。おさない時、われながら思ったことです。こうして牛や馬にもごはんをたべさせるのだな、と。私も、幼年時から、牛馬への愛情をおぼえたようであります。——その牛馬が、外へ出た時、子どもはばかにしたかのように、私などの言うことを聞いてくれないのがいやでした。

畑づくりの話しです。家からは遠くはなれた畑に、たとえば芋の苗を植えに行きます。また、種まきに行きます。そういう、手まのかかるやや大きなしごとがおわって、みんなで帰ろうとする時、祖父は、畑に向かって手を合わすようにし、

〝どうぞ、よう、できてつかあされ。〟

と祈りました。その唱えことばが、今も私の耳に生きているようなここちがします。畑との会話、作物との会話、こうしたことは、農夫の「愛のことば」の表現にほかなりませんね。

こういうのをなんとなく見ならってのことでしょうか、私なども、子どもの時、「植木」と称して、何か、きれいな花などを植えおわって、〝大きくなれ。大きくなれ。〟とばかりに、方言のことばづかいまる出しで祈ったものでした。今、思えば、ああして、かわいい植物に、愛のことばをなげかけたのですね。

また、私の近所の子どもさんのお話しにもどります。午後もおそくなって、散歩、外歩きをしていますと、学童たちが、三三五五、帰ってきます。見しらぬ子どもさんばかりですが、私は、〝おかえり。〟と言いつつ、にこやかに（すくなくともそういう気もちになって）あいさつします。子どもさんたちは、女の子も男の子も、私を見あげて、ふり返ったりもしながら、黙って行きます。こういう時、私はやはり、お子さんたちの、無言のあいさつ、「愛のことば」を実感するのであります。

「愛のことば」であった証拠に、やがて、やがて、いくどかのすれちがいを経験しますと、小さなみなさんが何かすこしずつ、ことばを出してもくださるようになります。無言の「愛のことば」から有言の「愛のことば」へであります。そういう人たちが、小学生から中学生になり、さらには高校生になります。その進歩のたびに途上挨拶の「愛のことば」が、よりおとならしくなっていきます。→この節、そういう人たちの成人した姿に接することもあって、私は先方から、いたわりのことばを聞くことがすくなくありません。これぞ、私には、「愛のことば」の恵みであります。

私のかけだしのころの「学問愛」

「学問」が何かもわからぬ初歩・若年のころの私も、先人にならい、方言なるものを聴き歩く旅をはじめました。昭和八年・九年のころです。瀬戸内海島嶼部歩き・四国一周・「中国・西近畿」の旅といったようなぐあいでした。

それぞれの旅で、マメ手帖のようなものとか、ノートのつかい残しを綴じたものとかに〈今、思えば、もっとましなものを用意すればよかったのですが〉、それこそ小さい字で、所せましとばかり書きつけています。

記念と言えば記念にもなりますが、なぜもっとましなことを考えなかったのかと、哀れにも残念にも思います。

それにしても、記事内容は、今にして思えば、〃よく書きとっていたゾ。〃とも思えるものです。——

研究とは、やはり、思って書くことの、だいじなものなのですね。

そういう点で、思いかえしますと、私の未熟な初歩のころも、それなりの学問愛に生きていたのだとされましょうか。

学問愛は、高等なものであってけっこうだし、初歩的なものであってもまたたっといのではないでしょうか。

今日はまた、今日なりに、初歩の思いに立ちかえって、高次と言えるかの学問愛に生きたく存じます。

「学問愛」ということば、美しいことば。

私の方言研究全国行脚

青年期以降、さきごろまでの私は、まったく、人も言ってくださったとおり、「歩く学人」〈藤原注「学びびと」〉でした。

方言は生活語と言えるものですね。人々の生活語の中に参入して、私は、地方地方のみなさんから、その日常の「愛のことば」を聞かせてもらってきました。

なにげないお気もちで、方言の人がその生活語をつかっていられるのが、私には、もっともしぜんな「人間愛のことば」に思われたのです。

この、国じゅうに広がる大方言界を、たどりたどって、その「愛のことば」の実相を求めてきた私。私は、一研究者として、ずいぶん幸福でした。(みなさんの「愛のことば」が、私をして、ひとえに幸福感をおぼえしめます。)

こうした全国行脚の研究方法を、私は、方法上、自然傍受法とも名づけてきました。むかしも今も思うのです。〝自然傍受法!〟なんというだいじなことばであることかと。

※　※　※

諸外国に出かけて、彼我、たがいに、方言研究を問題にした時も、私は、方法論上、自然傍受法を述べることが多うございました。

こういう時、英語で、「natural method」などと言ってもみましたが、これはまったく、不じゅうぶんしごくなものです。——生活のひだをなでさするような気もちで、そこそこの生活語(自然方言)を傍受するのを、ただに natural などと言ったのではことになりません。

こういう私が、歓喜の念をもよおさずにはいられなかったいい機会が、カナダのトロント大学で得られました。

言語学関係の小さな会合で私がお話しをしたあと、みなさんにかこまれての座談会がありました。この席で、私は、だいじな教えを受けることができたのです。

お名まえを確認し得ていませんが、アフリカへたびたび出むかれるという民族学者の、私と似たりよったりのご年輩のかたがいられました。この先生が、私の、「自然傍受法」についてのたどたどしい説明をお聞きくださって、〝こう言ったのではどうだろう?〟と、私に、つぎのおことばをご教示くださったのでした。

natural empathetic-receptuity theory

私は、ご教示に感銘し、まさに学問愛のおことばがいただけたと感謝いたしたのでした。

『愛心愛語抄』

これは、私の一旧著です。書題にそえて、「言語研究の一小径に立って」としています。

この本の「序説」が、

「人間のことばは愛のことば」

と題されたものです。この提言は、早くから私の胸中にありました。

本の第一章は、〝「愛心愛語」の説〟となっています。

古往今来、どこまで行っても、人間の暮らしのある所、「人間のことばは愛のことば」ということが生きているのではないでしょうか。

上記の本の第三章は、「方言の山野の人々」です。私は、長年の方言研究の旅で、方言という生活語に、「人間のことばは愛のことば」を視《み》てきました。――第三章題名のわきにも、「○ 方言の旅は愛心に守られて」としてあります。

この書の最後には、「第五章　恩師抄」がございます。師言即絶対愛と心得て、これをしたためました。私は、尊い恩師のかたがたから、一度以上、一生忘れがたいようなおことばを頂いています。

橋本進吉先生からのことを、ここに誌させて頂きましょうか。青年学徒の小生ですのに、西尾実先生のご推挽により、岩波書店から、小稿『日本語方言文法の研究』が出版して頂けることになりました。書店が、橋本先生にものをおたずねになったのだそうです。その時、橋本先生は、書名の『日本語方言文法論』を、『日本語方言文法の研究』としたのがよかろうとおっしゃってくださったそうです。のちに先生のおんもとに伺わせて頂けるようになったころ、私は、じかに、先生のありがたいおことばを頂くことができたのでした。

今日、一教員であった自分の不敏を嘆きつつも、恩師諸先生のお前にひれ伏し、感恩の心意を申し上げないではいられません。

学問と文章

学にしたがい、学を行として沈潜していく時、学の表現は、書いても話しても、学に対する深刻な表現になるものと考えられます。

稚拙ながら、私自身も、その感を深くしています。

この深刻の表現は、きっと、学問愛敬の精神によってささえられているでありましょう。そこに、表現上、筆者の人格美が見られるはずです。

柳田国男先生のご文章には、その平明な「日常語」文の流露に、いともあざやかな文章美・人格美が拝見されます。「ふだん着」のお召し物〈和服〉の、一見無造作風であるのが、いかにもお美しく感ぜられましたのと同様、ご文章にも、私どもにわかりやすい文章美・人格美が感得されます。先生のご文章の、独特のお美しさ！

旧師山本忠雄先生は、小生の研究行（方言にとりくんでいく生活）を、「ものの学問」と評されました。ディケンズのご研究で、ものをとらえられることのむずかしさをおっしゃりながら、私のばあいを、お力づよく、「もの」の学問と評されたのでした。

先生のご高意を、そのままお受けすることなど、できるはずもなかった私ですが、つねにつねに「もの」をお説きくださった先生には、何か、つよくうたれる思いだったのです。今、ここに、あえて申しますなら、「ものの学問」とのご造句で、私をご指導くださった先生は、学問愛の偉大な指導者でいらしたのでした。

わがおんことのように、お力づよく私をおしてくださった、先生のたびたびのご鞭撻→〈そのご口話・ご文章〉は、今もって私の宝ものです。

学問愛のアリカタを求めて

――〝回顧集成〟と〝体系的発表〟――

私は、体系的発表に随ってきた者です。――→前むきの発表態度をとってきました。これが、私なりの「学問愛の理念」によくかなうものと心得ています。

〝著作集〟と言われるばあい、一個人の〝総著作〟が、回顧的に集成されていがちでしょうか。

私は、将来に向かって発表計画を立て、順次に、その一部々々を公表してきました。いわば、段どりをつけ、将来に向かって、一点々々を発表してきました。

『昭和日本語方言の総合的研究』全七巻は、私の研究前期でのややまとまったものです。《全七巻、私は、これらを、研究体系観のもとでものして、順次公表したつもりです。》

やがて、体系観推進のもと、『続昭和《――→昭和平成》日本語方言の総合的研究』全七巻を公表することになりました。

私としては、正編・続編によって、自己の研究体系作品を完成した所存です。

以上にともなわせて、『日本語学シリーズ』全五冊を発表しました。

※　※　※

上述するところに表裏するものが、私の随時に発表してきました単行本の研究書の系列です。これが、上述の公刊系列との対応のもとにあります。発行期間は、こちらのほうがより長大となっています。

研究者としての発展的思惟が、おのずから、以上の両道を歩ませてきました。（そこに、私なりの学問愛が生きてはたらいていると申せましょうか。）

できればつねに進歩的でありたいと思います。そのようにして、自己の学業を体系的に推進して行きたいと思います。

学問愛の学業を‼

学を問う

私は、学を問う仕事をすることがすきです。

生きていて、いま、一番すきなことと言えば、「学スル」ことです。私は、このことを、真から愛しています。

つらくてもやる。これが、私の学問（学を問う）です。ほねがおれれば、むしろ、学のやりがいをおぼえます。

時間をかけてやる。これが私のすきな学です。——時のたつのを、しばし忘れます。(時のたつのを忘れるのは、学の時だけです。)

飲食もすきですが、学することも大すきです。学の道を行く毎日、たのしい毎日です。

机について、つい眠くなることなど、年とともに、なくなりました。

学にしたがえば、眼は冴えるのです。かけためがねに気づいて、つい、はずしてみたりしますと、そこでまた、学の新しい構想がめばえたりします。

寝食を忘れて学にしたがうことはありません。学を好めば、おのずと食を好みます。寝も、用心してだいじにします。

学の素材の、いずこにも、なんと多いことでしょうか。

何一つも、私に、学をかき立てないものはありません。(——なんの変哲もなさそうなものが、ときに、思いのほかに、学をそそります。)

学道無限、学努力無限、愛学無限!

無限を思うこと無限!

ああ、「学の生活」の神さま！　どうかお守りください。
以上、文章になっていましょうか⁇
「学」の神さま！　どうかこれを、文章なみにおあつかいくださいますように！

学問愛におぼれたい与一　敬白

平成14年7月11日（木）

父のことば

思い出ぶかい父のことばを、書きしるしてみます。

〝与一。石を昇け。〟（ヨーイチ。イシー　カケ。）

私が小学校三・四年生のころだったかと思います。はやりかぜをひいて、高熱のため、長らく寝かされました。やっと治ったころは、外も、ややあたたかかったかと思います。ですが、私は、額をぬれタオルで冷やしたことが心からはなれなくて、ずっと、ぬれタオルを頭にかけて歩いていました。それが長くつづく私に、父は、とうとう我慢しきれなくなったのですね。ある日の昼なか、

〝与《ヨ》一《イチ》。石《イシー》を昇《カケ》け。〟

と言いました。私はびっくりしましたが、父の言うことですから怖れて、すぐに「エー。」と言いま

した。（この返事は、共通語の「はい。」にあたります）
今から考えますと、病気あがりの子に石を昇けなんて、なんとも父らしいことを言ってくれたものだと思います。

のちのち私は、父を「厳父」と思うようになり、それを大いに肯定するようになりました。

「藤原与一行」

私は、満十五歳の時、愛媛県師範学校に入学しました。入学直後から、父の手紙を受けることになります。
その手紙の宛名書きは、
　藤原与一行
だったのです。「様」でもなければ「殿」でもなく、「行」一本やりだったのです。
これは、父の生涯を通じて、変わりませんでした。
　ごくごく最後時に、「藤原与一様」の封書をもらったことがあったかもと、思ってみないこともありません。
どこまでも「与一行」とした父の心は、要するに、せがれの増上慢を深く怖れていたのではないでしょうか。

一心徹底、私は、父のこの「〜行」に、今は、深い深い愛敬の念をおぼえます。――父の清純な愛情、これより深い、美しいものがありましょうか！

父のことば〝サー。ソー　ナリャ　エーガ。〟（さあ。そうなればいいが。〈にわかには賛成しがたい気もちを言うところ。〉）

私が、広島高等師範学校に入学し得た直後のことです。

私は、父に、〝しっかり勉強して、特待生になるからね。〟と言いました。

一学期の成績しだいで、特待生になる・なれないがきまるのでした。

父は、私がせっかく決意を表白したのにもかかわらず、〝うん。しっかりやれよ。〟というようなことはいっさい言わないで、上の、消極千万のことを言ってくれたのです。

なま青年の私の、憤慨とも言うべきものが、この時、大きかったです。

が、そのあと、私は、〝なにくそ。やるんだから。〟と張りきりました。

結果は、幸運にも、栄誉に浴しました。ですが、このことについて、私は、父と、あまり会話をしませんでした。

特待生として、月額二十五円を頂きますと、あとは、家庭教師で五円を稼げば、私の学費は、全部自分でまかなうことができるのでした。

愛の無言

月額二十五円の公費を頂戴するようになって、私は、うれしさのあまり、父にも、「大祝」という名の上茶を送りました。これをほどほどにつづけたのです。

ですが、これについて、父にどう言われたか、何もおぼえていません。やはり、格別のことはなかったのですね。

人はみな、「人間」です。人と人との間がらの中で生きています。

ここに、愛がうまれ、なお、喜怒哀楽の諸感情がながれます。

これらのものを、対人関係の中で、どう表現していくかですが、それこそ、十人十色ですね。

私は、今、十色であろうと二十色であろうと、そこに、根底的には、人間愛ともいうべきものの流通するのを信じてやみません。

母を憶う

懐しい母！　恋い憶うことといっぱいの母！

母は若死にしました。

この母を思いうかべようとして、年来、あれこれと思いを馳せたのですが、母は、そんなに、私の前には出てくれませんでした。

一つ、はっきりとおぼえていますのは、田畑から帰った母が、おもて口の敷居にこしをおろして、あかんぼうに乳を飲ませていた姿です。

私は、そのころいくつだったのかわかりませんが、今は、そういう母が、真に懐しいです。——大げさな言いかたにならないようにとは思いますが、そんな時の母が、今は、じつに、りっぱでりっぱなのです。

母は、農家のはたらき嫁でした。自分の生いそだった家での躾をよく受けたのか、来嫁した私のうちでも、万事につけ、まっしぐらにはたらきました。

私の祖父が、雨降りの畑に出られない日、米だわらを編んでいますと、母はさっそくそれを習い、自分でもすぐに俵を編むようになりました。

こんな母でしたから、祖父母が母にうちこんだことは申すまでもありません。いわゆる嫁姑などということは、ついぞなかったようです。

母の病没時、祖父母が、それはそれはなげいたのでした。その祖父母の姿を、今もはっきり思いだすことができます。

私の幼時、頭を剃ってくれたのは母です。

言うこと聞かずのわるぼうずでしたから、だいきらいな髪剃りには、思いっきり反抗しました。母は、石けんであたまをもんだあと、剃刀を当てようとしますが、そのひと当てひと当てごとに私は暴れます。立って剃る母は、ついに私の頭を両ひざでぐっとはさみ、そこでひと剃りふた剃りとやります。

この時、たまらなくなった私が言ったことばが、〝一本づつ剃ってくれ。〟です。これに答えて母もさるもの。〝一本づつ剃っとる！〟と言います。「剃っとる」「剃っとらん」の言いあいです。頭をうごかしまくる私を、両ひざでぐっとはさんだ母の前かけが、一面、まっ白でした。

後年、といってもまだ三十代そこそこの母が、病院で大病になります。じつは、私のすぐつぎの妹が、流行性感冒か何かで、今の、広島県竹原市の病院に入院しました。その時の看病役が母です。ところが、なんとしたことでしょう。妹はよくなりかけたのに、母が大病になってしまいました。故郷の親類の人たちは、こもごも、渡海船をやとっては、竹原の病院に見まいに行ってくれます。そういうさい、私もときおり、ついて行きました。

何度めかの最後、母のようすがただごとではありません。父も、深刻な顔をしてついています。私は、父母のその状況におびえて、あとずさりするばかりでした。

いよいよの時だったかと思います。父が、来ない私を叱りつけました。叱られておずおずとそばに行った私！　この私について、母は、

〝ヨーイチガ　キテ、ナーター　ノー。〟

与一が来て泣いたねえ。　　（母—→父）

と言ったそうです。

私が、この世で思いだしうる、母のだいじなことばは、じつにこれです。

「人間のことばは愛のことば」
―妻のことば―

その一つ

昭和五十五年八月六日のことです。

夫婦の会話があって、私は、恩師斎藤清衛先生が八十八歳になられたこと、また、画家の中川一政氏もご同様八十八歳？　でおありのことを語りました。

その時、家内が言ってくれたことばは、

〝八十八になっても、調査旅行に行きましょうね。〟

というのでした。

その一つ

平成二年五月二十一日のことです。

〝あんまりこだわりすぎると思います。（アンマリ　コダワリスギルト　オモイマス。）〟

と妻は言いました。

とかくこだわりがちの私に、妻は、これに類したようなことを、よく、言ってくれたように思います。

「つねに、現在をたのしむこと。」というような教えもあったかと思います。

その一つ

平成三年十一月八日のことです。

私がとかくいろいろなものに目がくれるのをいましめて、家内が言ってくれました。

〝しゃんとして、自分のしごとを積みあげてさえいればいいのに！〟

おわりに

私は、ありがたくも国公費をいただき、いくたびも、外国旅行に出かけることができました。（先方のお招きによって出かけたこともいくどかです。）

これらの時、いつも家内を同伴することができましたのは、私どもの過幸とするところであります。こうした対外旅出の際、家内は、こごとめいたことその他を、いっさい言いませんでした。(――ただただ、私という〝魚〟が水の中を自由に泳いで遊ぶようにさせたのでした。

在外経験すべてのばあいに、家内が、いつもよき無言者であってくれたことが、今もうれしく思いだされます。

中国、北京大学への三カ月勤務の時も、朝夕の暮らしの中、家内は、こごとめいたことはなにひと口も申しませんでした。

ところがです。北京大学でのおつとめをおえて帰国、日本の伊丹空港からほど近い所の宿につきますと、何かのひょうしで、とたんに家内が私を叱りました。〈本人は叱るつもりでもなかったのでしょうが。〉⟹〝叱る〟のではない、〝愛の表現〟? の生活が、ここからまたはじまったのでした。

亡き妻のことば

昭和六十三年十月十七日朝、悩む私に妻のかけてくれたことばは、

〝もう一ぺん、昭和十二年の気もちに帰ればいいんです。〟

というのでした。昭和十二年は、私の、広島文理科大学助手に任命された年です。

今も、妻のこのことばに、身のひきしまるのをおぼえます。

「人間のことばは愛のことば」とのテーマのもとで、種々に記述してまいりましたそのあゆみを、ここでおわらせていただきます。

海外への方言研究の旅

目次

はじめに→海外へのゆめ

第一章　ユーゴスラビアへ

第一節　地中海言語研究国際会議

第二節　イビッチ教授夫妻を訪ねて

第二章　西ドイツからイタリアへ

第一節　オーストリアのウィーンをへて西ドイツへ

第二節　ベニスで

第三章　ドイツへ

第一節　マールブルクでの世界方言学者会議

第二節　会議の日々

第四章　方言学者会議につないでオランダ・ベルギー・フランスのパリの旅へ

第一節　オランダ

第二節　ベルギー

その一　ライデンで

その二　ブリュッセル近くのルーヴァンで

第三節　パリのソルボンヌ大学で

第五章　英国へ

第一節　いよいよ英語本国へ

第二節　抑揚大事

第三節　英語の国で早くも方言のコックニーさんと

第四節　リーズ大学方言研究所に行く

第五節　スコットランド抄

第六章　カナダ旅情

第一節　バンクーバー経験

第二節　トロントへ

第七章　米国アンナーバーのミシガン大学で

A　名柄君

B　最初の講演

C　思考言語・快楽言語

D　ミシガン大留学生の大石君

E　アンナーバー余記

別　篇　夫婦ペイチン〈北京〉

はしがき

▽　北京からの帰途のこと

一　北京大学勤務

二　北京での事始め

三「的」

四「好」

付　註

五　私の中国語学習「事始め」

1　『官話急就篇』

2　中国東北部・朝鮮旅行が計画されて

六　中国東北部・朝鮮の旅

1　大連上陸

2　渤海湾を経て天津へ

3　北京到着

4　北京の思い出

七　北京生活三ヵ月

1　北京大学構内

2　日本語研究室

3　私の教室

4　遠足

5　学内大会食

6　出張旅行一週間

7　北京市内それこそ

八　日本語教室の人々とのお別れ

1　先生がたの催してくださった送別会

2　だいじな記念品

九　帰り航空路

あとがき

はじめに――海外へのゆめ

方言研究に身をおくようになって、私は、フランスに出かけて学びたいというゆめがありました。なにぶん、フランスは、『フランス言語図巻』を生みだした国です。一国の方言状態を、よく、一大図巻にまとめたとあって、私は、フランスにあこがれました。

広島文理科大学に学ぶようになりまして、私の心は、フランス行きの思いが、いっそう高まったのであります。

私は、このことを、ついに恩師に申し出ました。

じつは、私に、このようなおおけなき思いを抱かせてくださる機縁があったのです。私を推輓してくださる、他地域の先生がいられました。この先生は、さる高名なかたにつながるところのある先生でした。その高名なかたは、すでに数多くの人たちを、外国に学ばせていられたのです。それだからでしょうか、上述の「他地域の先生」は、私の留学願望を、心から応援してくださっていたのでした。

恩師に真剣な願い出をしたのではありますが、厳師は、〝だれでも考えてみることだ。〟といったようなことをおっしゃってくださったかと記憶しています。――よくは聞きおぼえていない私です。

あのころ、フランス留学していたらなあ、との思いは、今も消えていません。

第一章　ユーゴスラビアへ

第一節　地中海言語研究国際会議

昭和四十六年（一九七一年）の二・三月のころだったでしょうか。イタリアから、急信の手紙が来ました。〝第四回地中海言語研究国際会議というのへ出席してくれぬか。〟というのでありました。

突然のことで、これには、私もびっくりしました。

地中海域で、沿岸諸国の研究者たち共同の、地中海域言語研究がおこなわれていることは、かねて、すこしくは私も承知していました。私は、瀬戸内海域全島嶼圏の方言調査にしたがってきた者ですので、似たような内海域、地中海域の研究は、どんなふうになされているのであろうと、関心はつよかったのです。瀬戸内海域とは比較にならないほどの少島嶼で、その存在ぶりは疎散、しかもその中に諸言語が見られるというのですから、これは、いったいどのように調査・研究されているのかと、関心は深まる一方であった私への、思いもかけない招請状です。

どんなことで、私がこういうお招きを受けることになったのかと、推量もしてみました。外国の学会で、瀬戸内海域研究のことは、研究発表もしましたし、また、外国誌に小文を発表したことも一・二度ありますので、そんなところから、イタリアからも招請状が来たのだったでしょうか。

いずれにもせよ、私には、思いもかけない吉報であります。すぐに、参上したい旨の返書をさし出したのでした。この時以来、私がかかわってきた、相手がたの当時者は、Cortelazzoさんです。

※　※　※

四月二日、午後一時半、羽田空港を発ちますと、航空機は、香港・バンコック・ニューデリーを経て、夜分、テヘランに着きました。テヘランを出ての三時間、ベイルートに着くまで、なんと航空機の揺れたことでしょうか。

ローマまで、陽光を仰ぎながらの、快適な朝旅でした。

ローマ空港に着きますと、一番にめざしたのは、ローマ大学です。ここで、文学部の言語学研究室を訪ねました。十時すぎから十一時までのこ一時間、お三かたの教授にお会いすることができました。イタリアでの方言研究のありさまなどをおうかがいしたように思います。

ローマ一泊の翌朝、大雨の中をローマ空港に向かい、雨の中を、軽飛行機で、ユーゴスラビア、DUBROVNIKに向かいました。ローマでは、あんな大雨だったのに、アドリア海へ出ますと、一転して、こころよい青空が開けていました。人少なの機内で、家内とともに、きれいな海づらを見わたしなどするうちに、早くも向こうに陸地が見えてきました。着いたのが、DUBROVNIKの飛行場です。

ここでタクシーに乗り、国際会議のおこなわれる会場のすぐそばのホテルに着きました。

フロントに行きますと、〝フジワラ⁉〟とよびかけてくれます。会合の係りの人が、待ちつけてくれたのです。

このあとすぐCortelazzoさんがあらわれ、〝何語で話す？〟と聞いてくださり、今回の学会の事務局にされている所へ案内してくださいました。そこでは、

〝研究発表してくださるでしょうね。〟

とのごていねいな問いがあり、恐縮しました。私は、先にお知らせした「LINGISTIC COMPARISON OF M.S. AND S.I.S」のことを言い、かつ、発表題目を、つぎのように変えたいと申し出ました。（発表文はフランス語でつづられていることも申しました。）

広島での学友、原野氏を通じて、当時のフランス語講師、フランスからのランツ女史に仏訳していただいた、私の発表題目は、

Mon interèt pour les problèmes et les études linguistiques concernant la Mer Méditerranée

「地中海言語問題とその研究」に対する私の関心

であります。

ここで、発表のことにふれてみましょう。たとえば、イタリアの属島、シシリー島では、イタリア半島寄りの集落と、反対のむこうの端っこ方面の集落（複数）とでは、方言状態が、どのようにちがっていますか、といったようなことを尋ねたのです。私は、瀬戸内海域での、沿岸属島状況のことを思いつつ、このような問いかけをしたのでした。

まあまあ、とも申しましょうか。とにもかくにも、私は、発表論文のフランス語本文を、イントネーションに注意しながら、まずはとどこおりなく、発表し得たのでしょうか。おおぜいの人の、好意ある

援助・まなざしに守られてのこの時間は、私にとって、何ものにもかえがたい、ありがたい時間でした。発表直後、やはり、形どおりの「質疑応答」がありました。フランス語での質問も、私のため、英訳してくださる人があって、この場も、無事におつとめすることができました。

持参しました論文抜き刷りの類が、いく部かずつ、二・三種ありましたので、日本語で書いたものではありますが、これらを、この時、〝どうぞ、みなさま!〟とさし出しました。おおぜいのかたたちが、それこそ争うようにして、それらを取ってくださったのでした。

やがて、発表会終了となって、副会長のFOLENAさんが、閉会のあいさつをされました。氏は、その中で、私にも言及され、〝日本からも学者が来て発表してくれ、日本の言語学のようすを知ることができた。〟などとありました。この時、私はしみじみと感じたことです。日本での言語研究が、けっして欧米学界に没交渉であってはならない、と。

心中、私は、また、つよく思ったことです。日本の研究界・学界が、なんと、ひとり東洋に孤立的であることか、と。今のようでは、ヨーロッパの(欧米の)学界は、日本のことに、無関心であらざるを得ないであろう、と。

日本が、どのように努力していても、その学問を外国の学界に訴えることがなかったら、日本の学界は、東洋に孤立的でありましょう。

学問文化というものも、本来は、ユニバーサルなものたるべきではないか。私どもは、閉鎖な態度は一擲しなくてはならない。

将来の日本の言語研究の新展開をはかるためには、自今、外国の学界と手をつなぐことに、どのような努力をしていけばよいか。

宿では、自分の発表を了えるまでは、いろいろな歓迎行事などには、なるべく出ないようにしたのでした。ですが、発表後は、気分もゆったりとなって、あれこれの催しものにも、よく出ました。

夜の劇場見学に出てみますと、出しものが、じつに方言劇でした。

このような滞在で、DUBROVNIK 一週間余で得た体験は、今も胸中に光ってやまない貴重なものです。

※　※　※

DUBROVNIK での、有意義でたのしい滞在中、あてがわれたホテルの部屋は、格別の上等室でした。ここで、ありがたい滞在をさせてもらった私ども夫婦は、その時の大幸をそのままよくおぼえています。

妻が、そのさいわいを述べて、うちの者どもに書いたハガキが残っています。私は、それを読みかえして、下記のような文面もあったのが、今、なんとも言えないよろこびなのです。

明日は父上の発表日、どうか、大きい声が出てくれますよう…マイクがありませんのでね。
でも、自信がおありのようですから、ご安心下さい。

付記

DUBROVNIKでの地中海言語研究国際会議がおわったかとおもうと、翌年、こんどはスペインから、次回の地中海言語研究国際会議の案内が来ました。

会場は、スペイン南部のマラガだそうです。せわ係の人からの、

すでにおまえのホテルも用意した。晴れの日にはアフリカもよく見える、眺望満点のホテルだ。ぜひ参加してくれ。

というようなお便りをいただきました。

もとよりのこと、私はすぐに応諾の返書をさし出しました。しだいに用意をして、発表論文もできました。こんどは、それを、学友に、スペイン語へ翻訳してもらいました。

家内には、この発表へもいっしょに出かけてもらうことにし、会後のヨーロッパ旅行のことを、ふたりで話しあいもしました。

当時、ヨーロッパに、一ヵ月間通用の汽車旅行切符が買えるおもむきでした。私どもは、会後、その切符で、北欧へまで旅をすることを予定しました。

北欧では、かねて、スェーデン・ノルウェーをたずねてみたかったのです。かつてドイツのマールブルクで、第一回の世界方言学者会議が開かれた時、私どもがお会いした出席教授たちの中に、スェーデンのウプサラ大学のハッセルブリンク教授（音声学）ご夫妻もいられました。

〝いつかぜひスェーデンの私の大学にも来てくれ。〟

と言われたようなわけで、ここへはぜひとも行ってみたく思ったのです。それに加えて、ノルウェーの西海岸の、あのリアス式のギザギザ海岸のあたりへも行って、方言分布の様相などにもふれてみたかったのであります。

気もち・計画はこのようでありましたが、残念なことに、広島での、私の研究室での、多くの人の助けを得ての研究作業が、どうしても、私の長いるすなどはゆるさない事情になったのです。残念至極ながら、私は、マラガでの研究会議ほか、ヨーロッパ旅行でのすべての計画を、あきらめざるを得なかったのであります。

※　※　※

地中海言語研究国際会議は、その後に、どのような進展を示したのでしょうか。私は、スペイン語訳された小論を保存したまま、――マラガからのアフリカ遠望をも夢みつつ、地中海言語研究国際会議の、その後の推移を想像してきたのでした。

第二節　イビッチ教授夫妻を訪ねて

ユーゴスラビアでの、だいじな役めをはたしおえますと、あとは、ユーゴでの見学旅行となりました。そういう諸事に先だって、一番に実現したかったのは、イビッチ教授ご夫妻訪問の旅でした。ベオグラードからバス便に乗り、ノビ・サドへ向かいます。途中の風景は、いわゆるいなかふうのものが美しくて、農場や果樹園のながめもりっぱでした。梨の花も見られたし、また、かわいいタンポポの黄色い花も、目の下に見つかりました。

やがてドナウ河を越えます。ノビ・サドへついたのが十二時ごろだったでしょうか。イビッチ教授ご夫妻に迎えていただきました。

夫人は、会話のできない妻を抱くようにして迎えてくださり、かんたんな答えをすればよいように、種々、話しかけてくださったのでした。

お宅についてみますと、二階の広間がすなわちご夫妻の研究室です。ご夫妻の研究机が、広く間をおいて左右にならんだ、いかにもゆったりとした研究室状況が、私どもの目を奪いました。

イビッチさんは、私にとっては、旧知のかたでもあります。昭和四十年八月、ドイツのマールブルクでおこなわれた第一回世界方言学者会議に出席し得たおり、私は、イビッチさんという大きい論客に目と心を奪われたのでした。じかに会話するということなどははばかりましたが、この論客の、いかにもはなばなしい活動には、私も、目も心も奪われたしだいです。

今や、そのイビッチ氏ご夫妻の本拠に参上し得たのですから、私どもには、ありがたいとも愉快とも思ってやまぬ心がじつに大だったのです。

私どもは、さっそくに、多くの言語地図帳を見せていただくことができました。ルーマニアの言語図巻・ユーゴの言語図巻・チェコスロバキアの言語図巻・ブルガリアの言語図巻・ハンガリアの言語図巻、これらを、つぎつぎに見せていただいたのでした。おそれいったことに、私は、ルーマニアの言語図巻を頂戴したのでした。

一挙に、ヨーロッパ内の、私などがめったに見ることができないような多図巻を目にした感動は、今も、つゆ忘れることができません。ブルガリアの言語図巻が、例のキリル文字でのものであったことなど、私は今、当時のメモを見かえして、感無量です。(「ブルガリア」の発音が、イビッチさんに、「ボルガリア」のようであったことなど、今も、ほほえましく思いかえします。)

昼食となり、イビッチご夫妻が、私どもを、ノビ・サドのホテルの食堂にご案内くださいます。料理名は、

jagnjeći but na srpsri naćin

というのでした。これは、イビッチ夫人が、妻のためにしたためてくださったものをひき写したものです。Lamb の料理ということだったでしょうか。

お食事の時間、あるいは戦跡ご案内のさいなどなど、この日、私は、イビッチさんにつききりで、いろいろな会話をおねだりしました。その間、しぜんに、イビッチご夫妻おふたり間での会話も聞こえてきたりして、うれしかったです。

市内見学をおえて、――(そのさい、イビッチ教授おつとめのFacultyのおもてを通ったりしまして)、私どもは、来た時のバス停留所にいそぐことになります。この時、夫人が〝いそいで!〟とおっしゃると、ご夫君は、〝As quickly as I can.〟とおっしゃいました。

またとない佳日、私の研究意欲をいやがうえにも高めてくださったいく時間かをおえて、到着時のバス停留所にもどります。ご夫妻にてあつく送られて失礼したのは、午後三時すぎだったでしょうか。

ぶじに発車しましたが、途中でバスに故障がおこりました。そこで、長い時間、代車の来るのを待つことになります。この結果、ベオグラードに帰着したのは、六時半でした。

やさしいイビッチ夫人が、心あたたかくも妻におっしゃってくださった話柄を、ここにしたためてみます。

夫人は、妻のわかるような英語で、私どもの娘らの名まえなどを聞いてくださいました。その時、妻も、娘らはみな子持ちなので、家にいて、おつとめなどはしていないとの旨を申し出たところ、夫人は、

それが本当だ。母はやはり家で子をそだてねばならぬ。ヨーロッパでは、expensiveなので、妻君もはたらくが。

とおっしゃってくださったのでした。

私どもは、夕食用にと、街で、ポップコーンなどを買って帰りました。部屋で、フロントに、紅茶・ミルクをたのみ、おそい夕食、〝寝台食〟をとりました。(旅行中、寝台にすわって、かんたんな食事をたのしむのを、私どもは「寝台食」と名づけてよろこんだのです。この名は、後年類似の外国旅行のさ

いにも、ずっと生きてはたらきました。)

あいさつことばを列挙してみます。ユーゴスラビアのセルボクロアチア語では、「はいはい。」が
ダーダー。
です。ドイツ語で、
ヤーヤー。
オーストリアでも「ヤーヤー。」と、スイスとおなじ。オーストリアのウィーンの喫茶店で、女性店員さんから聞かれたものには、
ヤーヤーヤー。
があります。(これが、電話での応答でした。)
イタリア語のは、
シーシー。

ベオグラードからは、つぎに、オーストリア(ウィーン)に向かったのでした。

第二章　西ドイツからイタリアへ

第一節　オーストリアのウィーンをへて西ドイツへ

ユーゴスラビアのベオグラードから、航空便で、オーストリア（オーストリー）のウィーンに着きました。

つくとすぐに、ウィーン大学を訪ねました。ここで最初に目を見はったのは、一階の長廊下に数多くならべられた、当大学教授名士の記念像です。私などには、その一々のお名まえを知るよしもありませんでしたが、学者が、このような形で追慕されているありさまには、あたまのさがる思いが切でした。

言語学研究室をお訪ねします。当日は、おりあしく先生がたがご不在で、私どもは、助手さんの、いろいろなご説明をお聞きしたのでした。

ウィーンでの一両日の生活をたのしみますと、西行の遠距離列車に乗って、インスブルックまで行きました。ここでは、学者を訪問したりして、私なりの、学究の一両日をすごしたのでした。

ここからドイツへです。西ベルリンに滞在することになりました。さいわいなことに、最初に乗せてもらったタクシーの運転手さんが、私の、方言研究者であることに興味を持ってくれ、二・三日の滞在中、つねにこの運転手さんのおせわになったのでした。もちろん、私ども夫婦が、運転手さん宅をも訪問して、運転手さんご夫婦と歓談することもできたのでした。そういう中で、私は、多少とも、町のドイツ語での、はしじかな話題を、いくつも聞かせてもらうことができました。

フランクフルトから、航空便で、イタリアへ南下します。ミラノをへてベニスにつきました。

第二節　ベニスで

駅近くの宿で一泊し、明けての朝早く、サンジョルジョ行きの便船に乗ります。駅まえの船つき場では、あちこちの便船が出るので、船の人が、大きい声で、その行き先をよばわっています。サンジョルジョ行きと言われる便船の近くに行きますと、船の人が、「サンマルコ？」と言ってくれます。サンマルコへ行くのじゃないかとの問いでした。そこは、かの聖廟のある所。私どもは、それとま向かいになるサンジョルジョへ行くのでした。ここに、地中海言語研究関係の研究所《地中海言語地図研究所》があります。

私は、ユーゴスラビア、ドゥブロブニクでの研究会議のさい、すでに、Berrutoさんという、この研究室での主任さんに会い、ベニスのこの研究所をお訪ねする約束をしていたのでした。

サンジョルジョに上陸します。大教会堂のようなものが見え、そのむかって左うしろに、地中海言語地図研究所があったのでした。

そこで、Beruttoさんに会います。私は、かたく握手をして、ここまでみちびいてくださったみなさんに感謝したのでした。

研究所（と言っても、広い一室の研究室）で、私は、ベルートさんに、つぎのようなことを質問しました。

①地中海言語地図のための白地図は？

どれくらいな大きさのもの？

分布表示に色のつかい分けもしますか？

②調査は、いつはじめられましたか？

いつ完了ですか？

③〈調査法について〉

調査者は？

いく人くらい？

臨地調査と通信調査との別は？

調査項目は？

質問簿は、カード法になっていますか？

一地調査所要時間はどのくらい？

④どういうことをねらいとしていますか？（開始の動機は？）

⑤言語地理学の何を新しく開こうとしていますか？

私は、この研究所が、多くの援助を受けて、こういうしごとをしていけるのを、じつにさいわいなことだと痛感しました。

あとで、ベルートさんから、調査簿二巻、Ⅰ・Ⅱを見せてもらいました。

調査者の男女別について、私がベルートさんに質問しましたところ、ミックスだと答えられました。男女別は、あまり重要ではないと言われました。調査日数についておたずねしたところ、「ワンポイントが四・五日から二十日。」とのお答えでした。

言語地図研究室は、二人が定員だとのことでした。

※　※　※

ともあれ、地中海言語研究に関する作業中枢が見学できたのは、私の大きなさいわいでした。志すところの志しかた、おこなうところのおこないかたなどは、彼我あい異なるとしても、要するに、大研究事業の作業場を拝見して、ものをおたずねすることができたのは、私の、今も感謝にたえないところです。

ベニスをあとにしては、ローマまでの汽車の旅。フロレンスでの途中下車もあったりして、じつにたのしい旅でした。

第三章　ドイツへ

第一節　マーㇽブルクでの世界方言学者会議

1　マーㇽブルクへ

これは、昭和四十年八月のことです。この年この月、私どもは、はじめて外国への旅に出ました。羽田を夜八時ごろ発って、翌朝早くアンカレッジ（アラスカの）についた時も、私どもは気もちよく興奮して、すでに外国旅行の気分の新鮮なものを味わったのでした。

コペンハーゲンにつき、翌朝は早くもここの大学を訪ねました。言語学の研究室を訪ねてみますと、あいにくと教授は訪米中でした。助手役の女性のかたが、資料めいた物なども見せてくださりながら、初心の私どもに、よく、外国の言語学研究室を味あわせてくださいました。

このあと、市内見学もしまして――例のチボリも訪ねまして、夕刻宿に帰ってみますと、部屋には花が飾られていました。聞けば、大学の研究室の女性のかたが、届けてくださったとのことでした。なんともいえない、デンマークの「心の花」がここにあったのでした。今日になっても、私の目の内には、その花が生きています。

ここからスイスにとび、山あそびもしたりして、チューリッヒ大学では、また言語研究室を訪ねました。教授の先生が、いろいろと、言語地図を見せてくださったのでした。

スイスからミュンヘンにとびます。ここでも大学訪問などで時をすごしますと、フランクフルトへ。ここから、マールブルクへであります。

汽車で一時間半ばかり北上しますと、左前方に、やや高く丘をなして、古城らしいものが見えてきます。マールブルク!!

駅について、駅前広場に出ますと、つい左さきに、研究会議出席者たちを迎えるためかのような、人々待機の席が見えます。そこへ行きました。

2 「藁を植える」さんのおうちへ

〝宿はどこにするか?〟ホテル? 民家? というようなことでした。もとよりのこと、私は、民家をえらびました。そこが、ヴァラウエルさんのおうちです。妻も私も、このお名を、「藁を植える」とおぼえました。車でそこに到着しますと、ひとり住まいのヴァさんが、嬉々として出むかえてくださいました。初老の感じのかたでした。博士さんだとのことに、私どもは、じつにいいところに来させていただいたと、感謝したのでした。(さいわいなことに、藁さんは、英語がお上手でした。)

すぐにお部屋に案内してくださいました。いちばん奥のお部屋でした。広々として、気もちのよい部屋でした。聞けば、南の方の国からの留学生女性のかたが、この部屋に宿っているのだそうです。おりもよし、休暇で帰郷していられたので、そのあとに私どもが、ということだったのです。

一週間余でのおじゃま中、毎日気もちよい入浴もさせてもらうことができて、なによりでした。まい朝のお食事は、ヴァさんのご接待です。英語で話してくださりながらも、何かの拍子には、センテンス表現のおわりに「ネ」のような念おし表現のことばを聞かせてくださいます。日本語の「ネ」を習っていらっしゃるにしてはどうもおかしいとも思いながら、私どもは、ともかく「ネ」をお聞きする気もちになったのでした。ドイツ語のなにがしの単語が、文表現の末端に追置されるのが、ともかくも「ネ」的に印象明白なものでした。

3　『ドイツ言語図巻』(Sprach Atlas) という名の研究所へ

私には、かねて、こちらのゴーセンスさんのお手紙がいただけていました。研究所では、まずゴーセンスさんをお訪ねし、ゴーセンスさんのご案内で、所長の Schmitt 先生にお目かかりました。はじめのごあいさつがすむやいなや、いきなり先生がおっしゃいました。〝日本から何某というのが来た。very bad English で話した。〟と。シュミット先生は、背の高くはない、いいおじさんとでもいった感じのかたでしたが、そのかたが、だしぬけに、右のようなことを勢力的な声でおっしゃったのですから、私どもは、まったく驚嘆したのでした。がまた、それは、私どもへの、何よりもたいせつなご教訓でした。

のちに、シュミット先生が、閉会のあいさつに立たれます。ドイツ方言研究史をお述べになりまして、先覚の大先生がたにふれていかれます。その時、スライドの出し手が、先生のお話しの途中、早まって、影像を照射したのでした。その時です。先生は、〝Nein. Nein. Bitte!〟とおっしゃいました。ドイツ語は何もできない私でしたが、それでも、この時、私は、〝なるほど、こういうふうにBitteはつかわれるのか!〟と感じたしだいでした。

この先生、やはり温厚の質をそなえたかたなのだと領得いたしました。

研究集会がおわっての、晩餐会のせつ、シュミット先生ご夫妻は、みなみなの食卓を一々まわられて、あたたかいごあいさつを寄せられました。私ども夫妻も、その時、シュミット先生ご夫妻の、あたたかいお心寄せをいただいたのでした。

Germanistisches Institüt

Forschungsinstitüt für Deutsche Sprache

Deutscher Sprach-Atlas

第二節　会議の日々

1　所　感

私が、欧州でのこういう会議にはじめて出席して、しみじみと、いえ、つくづくと思ったのは、つぎのことです。〝日本は、ヨーロッパの外の外だ。〟ここに集まる人々は、みな、となり近所の人どうしかと思われるような、のびのびとした接触のしかたをしていました。言ってみますれば、もっとも自由に国際交流をしていられたのです。これが、欧州世界での、長い伝統でもあるかと、思われてなりませんでした。

人々は、その欧州世界でたりている、といったふうのおもむきでもありました。日本は？というと、“Very far”というわけです。また、〝行けない。〟などとも言いました。遠い、行けない、不知の国。それが日本なのです。欧州学界で、日本は、問題になっていないのですね。（日本を、問題にしない、ということでもありましょう。）欧州の諸学者たちが、北米の学者たちをもほとんど度外視しているおもむきも、よく感得されました。

私は、日本の一学徒として、複雑千万な気もちで、この世界方言学者会議を心に受けとめたことでした。

2　イビッチさん

この会議で、早く、一番に、手を握りあえたかた、それは、前にユーゴスラビアを述べたところでとり立てたイビッチ教授です。

この世界方言学者会議は、初段に、コシュミーダーさんの講演発表がありました。——アクセント、イントネーションなどに関するものでした。じつは、このかたとは、私どもは、早くお会いすることができていました。宿舎から会場に通う途中の汽車踏切の所でお会いできたかと思います。小がらの、りっぱな紳士でした。そのかたの発表ですから、私も、異常に緊張もしたように思います。さてこの長いご発表がおわりますと、早くも質問に立ったのが、じつにイビッチさんだったのです。（のちにわかりました。）

このイビッチさん、連日の、個々の研究発表の段になっても、ご自分の出席された部会で、たゆみなしに質問していかれたように思います。私は、この人の特性とでもいうものに心惹かれて、発表内容はわからぬながらも、心をこめて、その質問に耳を傾けたのでした。

さいわいなるかな、私は、会場での二日めの午前、イビッチさんその人に、お会いすることができたのです。宮田斉さんという早稲田大学の先生が、私をとらえてくださり、イビッチさんに紹介してくださったのでした。はじめての宮田さんでしたから、私は、どういうおつもりでご紹介くださったのか、よくわかりませんでした。が、じつに好意あるスピーチ（英語）で、私をイビッチさんにひきあわせてくださったのです。

これがもとで、やがては、私どもも、ユーゴスラビアで、イビッチご夫妻をお訪ねしたことは、第一章第二節の中で述べたとおりであります。

3　妻、貞子の英会話

家事科出身の妻は、英会話には、ずぶのしろうとでした。ですが、私といっしょに外国旅行に出るとなってからは、一般的な求知心ということで、じつに、勉強熱心なものがありました。ではあっても、いわゆる英会話なるものが、にわかに身につくはずもありません。熱心に口ずさんでみても、それは、ポツンポツンと落ちる雨だれみたいなものでした。

外国の現場に立ちますと、もうあとへはひけません。何でもかでも、一歩前進してみるほかはありません。私は、彼女から、聞いていてとてもたのしくなる英会話を聞くことができました。――相手がたが、賢明なご婦人がたであることが多く、したがって、そういうかたは、妻がお答えしやすいように話しかけてくださるのでした。多く、上げ調子・上げ調子で、やさしく、すかすように言ってくださいます。妻は、ポツンと、単語一つを口にしたりして、それで、もう、おわってもよいのです。ひと声の応答にも、「ほほえみの声」がしぜんにともないますから、全状態は、好ましくもある英会話になったりしました。

マールブルクでの、妻の英会話練習を、おおいに助けてくださったのは、私どもを泊めてくださったヴァラウェルさんでした。このかたが、気がねなしに、妻に、いろいろと、英会話をしかけてくれました。妻も、よんどころなくというのではなしに、ひとことふたこと応待するというようなことができました。一例をあげてみます。朝食の用意ができたという時、ヴァさんは、私どもの部屋のドアの外で、

〝お早う。〟はなくて、

Breakfast is ready.

と言ってくださるのでした。こういう気もちに抱かれながら、妻は、自分の英会話を、気がるにやってみることができたようです。

ついでに、英語ならぬドイツ語も、町のドイツ語を、ひとことふたこと、気がるに言っていました。

Guten tag.

も、人々が、「グー　ター。」と言っているように聞こえます。ことによっては、

ター。

と聞こえます。ですから、妻も、きわめて気がるそうに、とうとう、「ター。」と言いかわしたりしていました。

いろいろな都会で、妻も、私も散歩して、種々の店屋にたち寄ったことは申すまでもありません。物

をえらんで、あれかこれかと思案します。店の人が、ていねいに応待してくれます。かばってくださりながら、妻の願望をとげてくれようとします。こういう時、妻自身も、いわば英会話を、たのしんだのではないでしょうか。

4　マールブルク学会での婦人衆遠足

シュミットさんのはからいで、婦人衆の遠足会が開かれました。シュミット夫人がせわ役でした。私も、妻をつれて、その集合所に行きました。

すぐにシュミット夫人が見つけてくださって、私に、〝安心しろ、私がつれていくから。〟とやさしく言ってくださったのでした。妻は嬉々として、おくさんのお伴をしました。(三時から六時までの三時間でした。)

私が、ひとりになって、つい心配になったのは、トイレのことです。妻が、どんなあんばいに、と案じたのでした。

日本では、種々の学会が開かれますが、妻君同伴というようなことも、一般的な習慣にはなっていなくて、婦人衆の遠足といったようなものも、おこなわれないのがつねでしょうか。

けさ、ふとテレビを見ますと、航空機のタラップを降りてくる夫婦が見えました。ロシアのプーチン大統領が、夫人同伴で降りるところでした。

5　当会議での私の発表

いく日めだったでしょうか。その午後、ついに、私の発表すべき時がきました。司会は、Pauwels氏でした。私の発表題目は、

A Ward-Geography of Japanese

というのでした。

ほとんどそらんじていたペーパーを、ぎこちない調子で読みとおしていったことが、今も、はずかしく思いおこされてなりません。

おわっての五時ごろ、廊下に出たところで、待っている妻に会いました。

第四章　方言学者会議につないでオランダ・ベルギー・フランスのパリの旅へ

第一節　オランダ

方言学者会議では、オランダから見えたヘロマ教授とお話しすることができました。その時、私は、後日オランダにまいりたいと申したのでした。

ドイツのブレーメンを汽車で発ちますと、オランダの北辺の町、グローニンゲンを目ざしました。ヘロマ教授は、ここで、方言研究所を主宰していられます。お約束のとおり、ここをお訪ねしました。ところが、その日は、ヘロマ教授はおるすで、ヘッケマさんというかたが、何ごとも心得ていて、私を親切に案内してくださったのです。〝きょうはヘロマ教授の娘さんの結婚式で。〟というようなことでした。

グローニンゲンの方言研究所は、大きな通りに面した小さな建て物の中にありました。ヘッケマさんが、研究所のいろんな業績をお見せくださいまして、私にも、種々の参考文献をくださいました。広島方言研究所とて、微小な研究所をいとなんできた私にとりましては、街の中のこのような研究所で、オランダ語方言に関するいろいろな研究物がいただけたのは、感慨深く、ありがたいきわみでした。

※　※　※

オランダへ来たからには、なんとかして、オランダ語の方言が聞きたい、これが私の思いです。グローニンゲンを発って、汽車の旅をし、Meppelという小駅に着きました。駅まえの小さな宿屋にはいります。荷物をおくとすぐ、それこそ単純に、オランダのいなかのほうの方言が聞けぬものかと、郊外線のバス乗りばに来ました。

そこに、ひとりの若い女性が立っています。さいわい英語が通じて、その人は、クリーフトさんというかたでした。私は、

〝このバスで、いなかのどこかへ行って、そこの方言を聞くことはできないでしょうか。〟

とおたずねしました。

〝私はスタップホルストという所へ帰るが、そこへいっしょに来たらどお？〟

とのこと。感謝して、私ども夫婦は、すぐにクリーフトさんに随って行き、クさんをはさんで、人すくないバスの客になりました。

バスがスタップホルストに着きました。クリーフトさんは、私どもをいざなって、一軒の家につれて行ってくださいます。そこは、おりしも夕飯どきだったようです。ご主人をはじめ、みなさんが、にぎやかに、私どもを迎えてくださいました。まったくクリーフトさんのおかげです。

オランダ語のひとことも知らない私、ましてやオランダ語の方言などにはまったく無知な者が、とにかくオランダ語の方言にもふれたいのでした。

クリーフトさんは、もう一軒の家につれて行ってくれます。ここは、おばさんのうちといったようなこじんまりしたご家庭で、私どもは、それこそ気がるに、オランダ語方言調査???みたいなことを、やりにやったのです。

どんなふうに、私どもが熱中したかを、ご想像ください。私どもにとっては、そのひとあそびが、まったく理想的とも言える、夢の「オランダ語方言調査」だったのです。

そのあと、例の木靴のお店を訪ねて、案内のクリーフトさんのおかげをこうむりながら、歓談? することができましたのは、また、私どもの、第二段のオランダ語方言調査でした。

(もとよりのこと、私どもの帳面には、オランダ語の一語もありません。だのに、胸中には、今日にいたっても、オランダ語方言の調査をやったような気分が生きています。)

第二節　ベルギー

その一　ライデンで

汽車で南下して、ライデンにつきました。駅の横のレストランで昼食をすまし、旅行案内所に行きます。宿のせわをたのみますと、女性のかたが、親切に、安い宿のペンションを教えてくれました。

私どもは、そこへ向けて、十分ほど歩きます。やがてレンブラントの銅像のところを曲がって、川ぞいの道をすこし行きますと、右に行く道が分れています。その通りにはいってほんのすこし行くと、左がわに宿がありました。二階建てのペンションでした。

そこにはいると、よいじいさんと言いたいような、背の高い人が出てきて、すぐに、私どもを二階の一部屋に通しました。

一服しているところへ、そのおじいさんが、日本流に言えば、金盥にお湯を入れて持ってきてくれました。足をすすげと言うのであります。妻も私も、ちょっと足を温めました。思いもかけず、いい気もちになれて、私どもは感謝しました。

さて、いまのおじいさん、どういうことを言っていたかなあと、私は妻に訊きます。つまり、相手の言っていたことばは、皆目わからなかったのです。

この晩の食事のためには、部屋でたべるとすると、買いだしに行かなくてはなりません。私は、疲れていたせいもあってか、妻に、買いだし役をたのみました。今で思えば、たいへんなことをさせたわけですが、妻は、ひと言もさからわないで、買いだしに行ったのです。金は持っていても、どこで、どういうものを買うのでしょうか。（ひょっとがひょっとすると、この宿まで歩いてきた時の道みちで、妻は、どこかに、たべ物が買える店を見つけていたのかもしれません。）ともあれ、ちゃんと、とりどりのたべ物を買ってきたからあっぱれです。外国旅行をしても、心配なのはことばでしょうが、思いようでは、ことばのどうこうなど、そんなに問題ではないのですね。

寝台食のあと、手紙など書いて、静かなペンションの夜、私どもは、安楽な眠りにはいったのでした。翌朝、よいおじいさんが、ちゃんと朝食を持ってきてくれます。今では、何をどうやってたべたのか思いおこせません。が、いかにも家庭的な朝食であったことは、印象に残っています。

いったい、おじいさんと私とは、どういうことばで会話したのでしょうか。聞いていても、おじいさんが何語を言っているのか、よくわかりませんでした。オランダ語？　フランス語？　いえ、ドイツ語？それらの端っきれも聞きとれなかったように思います。ではどうして会話が成りたったのでしょうか。今、思いますのに、おじいさんがものを言うと、私どもは、それを、とにかく判断して受けとりました。ですから、そこには、おじいさん独自の〈方言《ことば》〉の世界があって、私どもは、おのずから、それに引き入れられたかと思われるのであります。言語そのものとしては何もわからないながら、なんとなく会話らしいものが、ひとはしふたはしできたということは、そこに、おもしろい、生きた言語の世界があったと考定されます。

このような交話生活は、めったには経験しうるものではありますまい、私どもは今もって、あの妙な交話の生活を、気もちよく懐しんでいます。

その二　ブリュッセル近くのルーヴァンで

ここは、ルーヴァン大学のある所です。その中には、方言学の国際情報センターもあります。さきの、マールブルクでの世界方言学者会議では、この大学の人たちにも会って、いろいろと歓談することができました。

ルーヴァン大学では、まず、ドライ教授にお会いしました。さきの方言学者会議で話しあっていましたので、私はここで、いろんなことをお尋ねすることができました。四時間ちかくも、たのしく話しあう中で、ドライさんは、いろいろな文献をも私に持たせてくださいました。

ルーヴァン大学には、方言研究の国際情報センターもあります。ここでの主任はウィンデケンス教授です。このかたとは、すでに方言学者会議でもお会いしていました。ウ教授の部屋のとなりは、方言研究室あるいは方言図書室です。ここには、諸国の方言研究文献が見わたされました。中に、日本のものもあり、国立国語研究所のものがたくさん来ていました。

ルーヴァン大学で、最後にお訪ねしたのが、Pauwels 教授の研究室です。ここは、長く東京に在住していられて、先だって物故されたグロータース氏、この父君のグロータース教授がいられた所でもあります。壁に掛かった記念写真では、グロータース教授が中央に見られ、日本に来られた子息グロータース氏も、若き学徒として、これに見い出されました。P教授は、さきの方言学者会議の時も、私の研究発表での司会をなさってくださったかたなので、ここでも、ご親切にいろいろな貴重資料をお見せくださいました。「百年前の方言調査物」というのもありました。P教授といっしょに、その一部分をとり出し、すこしくめくって見たりもしました。ことばのわかりようもない私だったのですけれど、とにかく、くわしい記事が、いとも熱心に書きこまれているのを見て、私は、驚嘆したしだいです。〝これは、このままほっておいてはもったいないですね。〟〝そうなんですよ。けれども、だれもやる者がなくて。〟

というような会話がありました。

長く日本に在留し、日本の方言研究界に尽瘁せられたグロータースさんのことを思い、私は、そのお父さんの研究室で、胸中、お父さんとともに、グロータースさんのことを語りあったのでした。

私どもが、ブリュッセルを発って南下しようとして、駅に行った時、近くの食堂で、ご親族と会食中のグロータースさんにふとお会いすることができたのは、なんともうれしい奇遇でした。

第三節　パリのソルボンヌ大学で

言語学教室に行ってみました。まったくの偶然のことですが、ペロー教授にお会いすることができました。

この人と、それこそ思いきり歓談することができたのは、今も私の忘れ得ない大幸です。

当時、アメリカの言語学界で、いわゆる構造論が、しきりにもてはやされていました。私は、それに対して、〝これはアメリカの構造主義だ。〟と痛感していたのであります。

今、ペローさんにお会いして、さっそくに私は、アメリカの構造論は、ヨーロッパの構造論からずれているのではないでしょうかと申したのです。ペローさんがこれに、大賛成をなさってくださいました。

〈この時、私がつかったことばは、American structural lingustics でした。〉

学の理そのものは、諸国・諸民族を通じて、普遍妥当的です。こういうことを、目の前の、いわゆる外国人とともに、共感しうるのは、なんとも愉快千万なことです。

私は、ペローさんの前で、研究の悦びを痛感しました。(——私の、方言研究の学理も、こういう時、おおいに燃え立っていきます。)

第五章　英国へ

第一節　いよいよ英語本国へ

パリの空港を発って、ドーバー海峡にかかると、私どもは、まもなく英国だ、と興奮しました。――私には、「英語本国」にいよいよはいるのだとの興奮がつよかったのであります。

思えば、師範学校入学と同時に、私などは、三省堂版の『コンサイス英和辞典』と、教科書『ニュークラウンリーダー』とにとりこめられたのでした。この異常な外国語経験が、私ども初心者に、どんな影響を与えたか、それは、一方から言えば、おそるべきものでもありました。私の一学友は、英単語をおぼえようとして、上記辞典での、〝だいじな英単語〟とするものの所を、口でかんだりして、さらにはこれを飲みこみなどして、単語記憶に力めたのでした。

私の英語経験での、後年の特筆したいものは、テレビの英会話上級で、イントネーションを強調する英人講師男先生に接したことです。この先生は、じつにじつに徹底的に、

○パンパンパンパンパーン。

とおっしゃって、センテンスでのこの抑揚が、原本的にたいせつなものであることを、たたきこまれた

のでした。

今で申せば、これで、私は、「抑揚」の第一義性に目ざめたのであります。先生は、方言研究者でいらしたわけではありません。が、抑揚を重視され、「文アクセント下方高起」との音調が、英語発音上での基本的なものとせられたもののようです。

第二節　抑揚大事

私どもは、英語本国に参入するにつけても、心中、センテンス抑揚に注意しなくてはとの思いをつよくしたのでした。そういえば、思いおこすことがあります。私のかつての同僚、西洋史学の教授が、英国に留学することになりました。君は、海路、港々で、たとえばギリシャの港で、英会話をします。やがては、ローマで英会話を経験します。みんな順調にいけたそうです。さて、いよいよロンドンにはいってみますと、その順調にいけた英語力が、うまくは通用しなかったというのです。なぜ通じなかったのでしょう。私は思うのです。イントネーションのせいではなかったのか、と。

在英中のこと、私どもは、町どおりで、通りがかりの人に、よく、行きさきなどを尋ねました。そういう時、教えてくれたかたたちが、しぜんに口にしたことばが、

○I will show you.

でした。これのイントネーションが、きまって、

「I will show you.」

だったのです。これは、前にも申した「パンパンパンパンパーン。」ですね。私は、静かによろこびをかみしめながら、今、聞いたばかりの行きさきを、つぎに出あった人に、また訊いたりしました。

方言研究で心がけた抑揚大事

抑揚大事は、思えば、私にとって、方言研究上の、第一の注意事項でもありました。

方言の調査に行きます。相手がたさんの所へはいって行きます。相手さんから一ことばが出たとします。それがどんな一ことばであろうとも、その口ことばのひと節が、ちゃんと、表現形の抑揚を持っています。話しことば・口ことばが出たと思ったら、それはすなわち、抑揚の衣裳をまとった文表現です。——文表現がそこにあるということは、抑揚があるということなのですね。

私は、方言の一ことばが、生きた人間の口から出た時、それはたいてい文表現音声であると見ています。その一ことばをしめくくるものは、じつにその抑揚（Intonation）です。

私は、方言研究にしたがって、相手からものを聞くのを、自然傍受法と名づけました。この、しぜんに聞こえてくるものが、つねに、一々の生きた文表現であり、それはすなわち、それぞれの抑揚の表皮に包まれた文表現なのであります。

こういうわけで、私は、方言研究者として、そもそも、文表現論者であり、かつは抑揚論者であります。

その私が、妻とともに、外国の、話しことばの世界に来ました。——今は、英国の英語本国に来ました。ここの人々みな、どんなふうに、抑揚表現の生活をしているでしょうか。

私は、外国のどこに旅行するさいにも、ポケットに、かならず、記録用のカード用紙を多く用意していました。何ごとがあっても、ことのおこるしだいにしたがって、そのことをカードに取ります。その中に、人々のことばに聞かれた抑揚を書きとめたもののあることはもちろんです。

こうしたカードが、日に日にふえていけばいくほど、私どもは、外国旅行の充実感をおぼえるのです。

※　※　※

「抑揚大事」のつけそえ話しを、(——これはおもはゆいのですが、)ここに書きそえることを、ゆるしていただけましょうか。

ヨーロッパのあと、北米に着いてからのことです。その長い生活の中で、言語学者ご夫妻のおもてなしを受けたことも、いくたびだったでしょうか。その一つでのことです。先方の教授夫人が、私に、〝おまえは、intonationがいい。どのようにして勉強したのか?〟とおっしゃってくださったのでした。あまりにもうれしかったので、私は、このことを、忘れないでいます。

ついでに、ここに書きます。エール大学でのこと、その事務室で、〝じゃあ、今から行ってきますか

ら。〟と言って、そこから出かけることになりました。私は、とっさの思いつきで、

○ We are going now.

と言ったのです。この時、私は、自分の気分そのままを出して、

○ 

というような音調をとったのでした。

言ったひょうしに、〝あら、こんなことを言った。〟と、私は、自分の表現法をかえりみて、一種の不安をおぼえたのです。あと、人さんに訊いてみると、それでよかったのだ、ということでした。

今、この図を見ると、やはり、あと上げ精神を重んじたものになっています。「パンパンパンパンパンパーン。」ふうのものでもありましょう。

第三節　英語の国で早くも方言のコックニーさんと

ロンドンと言えばコックニー。私は、若いころ、三省堂編修所編『最新コンサイス英和辞典（改訂版）』（昭和38年　改訂42版）の二カ所に、つよい赤線を引いています。その一カ所は、

cock'ney〔kɔ́kni/kák-〕, n. ロンドン子《特に East End 方面に住む、………。

とあるところです。他の一カ所は、

Bow' bells' 〔bóubélz〕, n. pl. ロンドン旧市内（the City）のSt. Mary-le-Bow寺院の鐘。その音の聞える範囲、ロンドンの旧市部。きっすいのロンドン子（= cockneys）。

とあるところです。

私は、フランスからの航空機がロンドンに着陸しようとするころから、もう、cockneyのことを思いました。

ロンドン市内の安いホテルに泊まります。一九六四年十月四日午前のことです。宿の近くの銀行に行って金を換え、その足で、どこかにコックニーさんはいられないかなあというあたまで町あるきをしました。

信号待ちで、道の一角にたたずんでいた時、一人の初老の男性が見えました。その人と、しぜんの会話があって、その途中、私はハッとしました。stationのことを[staiʃon]と言ったからであります。私は、はずんで、ロンドン・コックニーさんですかと聞きました。すると先方は、

"Real Cockney. Genuine Cockney."

と答えてくださったのです。あまりといえば偶然の偶然のさいわい。今、思いかえしても、私は、うれしくてたまりません。私どもも、ロンドンに来て、コックニーさんに会うことができたのでした。やがてのことです。こんどはホテルでコックニーさんに会うことができました。ホテルの人がおせわをしてくださったのです。→アーサー・ウィラーさん。

私は、おぼつかない英語で、かなり長い間、アーサーさんから、お話しをお聞きしたのでした。その

結果は、当時の録音テープで、今も、くりかえして聞くことができます。

アーサー・ウィラーさんは、四十四歳のかたでした。〝Bow Bells の聞こえる所で生まれたロンドンっ子だ。〟とありました。〝もし、だれかが、Bow Bells の音の聞こえる範囲内で生まれたら、その人はロンドンっ子だ。わかる?〟ともありました。私は、力づよく、〝わかります。〟と答えました。

私が、〝いつも、おくさんにはロンドン方言で話すのですか?〟と聞きますと、

〝たいていそうだ。〟

とありました。でも、〝彼女は、ロンドン旧市内では生まれていない。ロンドン市内の北西部で生まれた。〟ともありました。

アーサーさんは語ります。〝私は East Eleven に生まれた。East London にある地区だ。ここ（私どものホテルのある所）は、West London だ。〟

〝Bow Bells の聞こえない所に生まれた人は、ロンドンっ子ではない。〟とアーサーさんが言われますから、私が、重ねて、〝ロンドンっ子ではない?〟と言いますと、アーサーさんは、〝No! 単なる英国人だ。〟と言われました。

アーサーさんは、なにかと、ごきげんよく話してくださいました。ついには、歌を歌ったりもしてくださいました。

私は、今にいたっても、あの、気さくに多くを語ってくださったアーサーさんのことが忘れられませ

ん。会話の録音一巻は、はじめて手にし得た、私の、ロンドン方言調査記念物です。

第四節　リーズ大学方言研究所に行く

リーズの駅から大学へは、女性の、年かさのタクシー運転手さんが、いともやさしく、私どもをつれて行ってくださいました。

大学内の方言研究所は、三階建ての、りっぱな設備のそなわったものでした。所長は、Orton 教授です。

このかたは、明るくしかもどっしりした調子で、私に、いろいろなことを語ってくださいました。マッケントッシュさんは、スコットランドの方言調査で、一五〇〇項目につき、三〇〇地点を対象とした、とのお話しです。Post-questionaire だったとか。Orton さんは、以下、イングランド・ウェールスを対象として、一三〇〇項目につき、三一一地点の調査をなさいました。Orton さんのお話しです。Fieldworker は九人で、内二人はアメリカの人だそうです。これらの要員を、あらかじめ六カ月間訓練されたそうです。

調査のしごとは、十一年かかったよし。いちばん長くたずさわった人は、七年六カ月もの作業だったそうです。

臨地調査さきは村々で、六十歳以上の男女から方言を聞いたそうです。男女、六人ないし十人の多数で、うち、男性と女性とが、約半数ずついました。

一日二時間の相手調査だったそうです。なかなかたいへんな、大作業であったことが、よくうかがわれました。

余談めいたことを一・二つけ加えてみましょう。

一つに、調査要員が不そろいなことは、調査結果の斉一性という点で、問題があるのではないでしょうか。（と、私はたずねたのでした。）以下、私は、自分のとりおこなってきた瀬戸内海調査いっさいのことをかえりみながら、対話したしだいです。

二つには、調査期間が長いと、時の前後によって、調査結果の種々の、異同がおこってくるのではないでしょうか、（とたずねざるを得ませんでした。）質的には、時のへだたりというものが、問題視されてきます。多数地点を、限られた二・三年といったような短期間に調査しぬいたばあい、結果の、質的な斉一性は、まず得られるとされるのではないでしょうか。

私にとってだいじなのは、調査結果の、あらゆる点から言っての斉一であります。

※　※　※

Ortonさんは、放胆なかたで、〝十年かかってもたいしたことはない。百年と十年と、そうちがったものではない。〟といったようなことを、笑いながらおっしゃいました。また、調査能力がすぐれていて、じつによくやってくれたという、はたらき手の調査員を、激賞されもしました。その時、私は、やはり、〝調査者の質的同似性は、おろそかにしがたい条件なのではないでしょうか。〟と言ってもみたのであります。

先方のおしごとは、いわば単語本位の調査でした。たまたまのこと、私は、イントネーションの調査を問題にしてもみたのでしたが、話題はあまり栄えませんでした。私は、すくなくともセンテンス形式の調査項目というものは、重要視してきました。こういう点、Orton さんとの会話は、はずむよしもありませんでした。

何をどうするにしても、実施期間と作業要員とについて、科学的厳密を期することが、行きとどいていなくてはと、私は、思ってやみません。

第五節　スコットランド抄

1　アメリカ英語とこちらの英語

エジンバラに着いて、早く、大学関係の人から聞いたことばに、

〝アメリカの英語は、品がわるい。〟

といったようなのがありました。

そう言えば、私などのわずかの経験にも、双方のちがいは印象づけられています。比喩で申します。（ラジオでの英語教育放送でも、）英国人先生の発音ぶりは、なにか、木綿の単衣の洗いはりした、パリ

パリっとしたものの感じにちかいように思われたのです。これに対して、アメリカ流の発音は、気らくにぬのこを着ている時のような、ゆったりぎみの音の流れが感じられるようでした。

アメリカ英語を批評した、かの紳士には、やはり、〝本来の英語〟といったようなものを信奉する精神があったようです。

2　広島の話し

エジンバラに着いたのは日の暮れでしたが、駅の案内所に教えられて、大通りわきの静かな小ホテルにはいることができました。ここの、品のよいおくさんは、私どもが広島からであることを知ると、すぐに原爆の話しをはじめてくれました。当時の罹災者である私ども、最少限に、ものを申しましたが、婦人は、真から同情してくださって、私どもは、濃い親戚に帰ったような気分になったのでした。

3　カーステアズ・ジャンクション

翌朝、「スコットランドの味」の朝食をいただくと、出発して、西方、カーステアズ・ジャンクションという駅まで行きました。ここで下車すると、すぐ近くにある一軒のホテル、カーステアズ・ジャンクション・ホテルというのに宿りました。

ここの主人ご夫妻が、とても気さくに私どもを受けいれてくださって、二泊の滞在を、なんともたのしく過ごすことができました。

一夜明けて朝のことです。私どもは、土地の小学校を見学に行きました。北イギリスの小・中学校というものを、たのしく見学することができたのです。校長さんをはじめ先生たちが、何ひとつ、私どもをうたがうことなどなく、受けいれに入れてくださったのでした。

学校を辞去しての帰り道、通りがかりに衣料品店があったのを見つけると、妻はさっそくここでベビー衣料をさがし、かわいい買いものをしました。来年生まれる初孫への物です。

さて、このあと、宿に帰ってみますと、早くも、私どもの買いもののことが、先話しで届いていて、私どもは、思わぬ歓迎を受けました。

この宿から北方を眺めますと、それはそれは、見わたすかぎりのスコットランド草原であります。原っぱへ歩いて行ってみようということになり、出むいてみますと、ひと足ごとに靴が水に濡れるといったようなありさま。水びたし草原で、これにはびっくりしました。草原に大の字で寝そべるどころではありませんでした。

宿では、私どもから言えば年長の老夫婦が、かくべつにだいじにせわをしてくれまして、はじめの夜は、応接間で、ダンスパーティーを開いたりしてくれました。その主人夫妻のおどる姿のきれいなのには、私ども、おどろき入ったしだいです。

翌日のこと、ご主人は、私に、例のスコットランド衣裳を着せてくださいました。帽子から靴まで、みなスコットランド姿です。

この夜は、おそくまで歓談がつづき、スコティッシュ・ワインの乾杯がつづきました。その時、唄わ

れた歌の一つに、

SONG OF THE CLYDE

というのがあります。

カーステアズ・ジャンクションに来て、私どもは、思いもかけず、人々の多くの庇護愛護にあずかることができたのでした。私どもは、日本で、いいなか旅行をしているのと寸分ちがわないような気分にひたらせていただきました。

ここを発ちます。バーミンガム行きの汽車に乗ります。はいった部屋に、ウェールスの人たち三人が乗っていました。――私どもには、与えられた偶然のさいわいであります。

相手がたは、私のかぶっていたスコットランド帽子を見て、すぐに話しかけてくれ、やがて二人の女の人は、ウェールスの民謡を唄ってくれました。私どもは、異国の旅であることを忘れて、ウェールス語に聞きほれたりして、たのしい旅をあじわいました。

第六章　カナダ旅情

第一節　バンクーバー経験

1　ありがたい機会

昭和五十八年（一九八三年）十月三日から二十三日まで、私ども夫妻は、カナダ・アメリカの旅をすることができました。国際交流基金（THE JAPAN FOUNDATION）の恩恵によるものです。おそらく、カナダのトロント大学のリーマンさんの発案と申請によったものであります。リーマンさんは、かねて、井伏鱒二研究に熱心であり、日本にもいくどか来られたのでした。広島に見えた時、私は、リーマンさんにお会いしました。爾後、どのようにか、交際がつづいたのでした。

国際交流基金から課せられた私のしごとは、バンクーバーのブリティッシュ・コロンビア大学と、カナダ東部のトロント大学と、アメリカ合衆国のミシガン大学との三カ所で、講演をするということでした。

こうして、さいわいにも、私ども夫妻の、再度のカナダ旅行ができたのでした。

かつての欧米の三カ月旅行のさい、アメリカに渡って、シアトルに滞在した時、便宜を得て、バンクーバーにもあそびました。この時の妻の経験は、彼女にとって、忘れがたい、たのしいものだったようです。そういう妻に、再度バンクーバーなどへ行けるとなっては、私に劣らぬカナダ旅行興味があったようです。

2　バンクーバー着

カナダ空港に着きました。出口にさしかかった時、早くも一紳士が近寄って来られ、総領事館から来ましたとのこと。恐縮して、私どもは、外へ出たようなしだいでした。

宿へつきますと、ブリティッシュ・コロンビア大学の曽我松雄教授が来てくださいました。大学では、もっぱら、曽我さんのおみちびきにあずかったしだいです。

3　ブリティッシュ・コロンビア大学

ブリティッシュ・コロンビア大学での私の最初のしごとは、十月六日（木）の午後、一教室で、学生諸君に、「現代日本語の助詞」の講義をすることでした。「日本語」の上級生十数名が対象です。女性も多く見られました。先生がたがいくたりか来聴されました。あと、みなさんからのご質問をいろいろと受けたのでした。

この日の四時ごろ、いわゆる講演会となって、私は、先生たちほか五十名くらいの前で、「現代日本語文表現の文末詞」と題しての発表をしました。私の日本語による発表を、みなさん、どの程度に聞きとめてくださったでしょうか。曽我さんほかのかたがたは、非常によかったとよろこんでくださいました。その時つかわれたことばに、INSPIRINGというのがありました。

このあと、曽我さんほかのかたがたと、座談をたのしみました。(その直前のこと、妻は私に、発表内容上の何かについて、注意するところがありました。)

曽我さんは、これを見かけていらしたのか、話しあいのみなさんの中で、〝おくさんはりっぱですねえ。先生の発表内容にチェックしていられましたよ。〟というようなことを述べられたのでした。ブリティッシュ・コロンビア大学で、はからずも、妻のチェックが問題にされたことを、私は、今日も、つゆ忘れず、貴重としています。

第二節　トロントへ

1　カナダの空を東へ東へ

十月八日(土)、六時起き。七時半、曽我さん来、くるまで空港へ。

雨あがりの午後四時ごろ、トロントの空港につきました。

2　トロント着～宿へ

空港には、リーマンさんがちゃんと迎えていてくださいました。つれて行ってくださったのが、かのWindsor Arms Hotelでした。私どもはここで、一週間ほど滞留することになりました。

この晩、リーマンさんがおもてなしくださったのは、宿からさほど遠くない所にある「将軍」という店での「おすし」です。ご馳走になって宿に帰りますと、シャワーもせずに、十時前、寝台にあがりました。

3　明けて九日朝

妻が、あたまがおもいと申します。すこしく天井がまわるなどとも訴えました。十一時ごろ、胆汁をもどしました。

ついに、車で、WOMEN'S COLLEGE HOSPITALへ行きます。私どもにとっては、すべて、めずらしい経験でした。

女医先生の診察です。その時、私も、つれてきてくださったリーマンさんも、部屋の外です。病院には、午後三時前から三時三十分すぎまでいたでしょうか。

さて、すべてをよくしていただき、帰るとなりまして、私は、おせわくださった多くのかたがたに、深謝のお礼を申しあげました。つたない英語で一生懸命でしたが、ついには日本語での〝ありがとうございました。云々。〟になってしまいました。

このあと、リーマンさんが、感動の面もちで、〝あれで（私の日本語表現をさす。）、みんなによく通じましたよ。〟と言ってくださったのでした。

宿に帰りますと、ルームサービスの好青年が、ご馳走の、オートミール・サラダ・ます（鱒）料理・パン類・ミネラルウォーター・アイスクリームなどを持参してくれました。

妻も、すこしずつ味わい、すぐに眠りました。

安らかな寝いきが聞こえてきたので、私は大謝しました。すぐに、リーマンさんにも、お電話で、このよしを申し出ました。

4　トロント大学で

ある一日は、大学で、大学院生諸君、ならびに先生がたに、方言研究についての私のたちば、また実際のおこないを述べました。——大部分、日本語での発表でした。（したしい先生がたの一・二が、ほどほどに訳述をなさってもくださったのでした。）

私にいささか熱がこもりまして、自分の方言調査法、「自然傍受法」について力説することにもなりました。（部長教授のご意見にもよりまして。）

「自然傍受法」を、他者から、「NATURAL METHOD」と訳されたこともあります。しかし、この訳では、思うところがあらわされていません。

さいわいなるかな、この席に、民族学者でアフリカのどちらかにたびたび研究調査を実施してこられた教授がいられまして、拙話を、いともご熱心にお聞きとりくださいました。かくて、教授は、私に、「自然傍受法」を、

NATURAL EMPATHETIC-RECEPTIUITY THEORY

のように訳してはどうかと教示せられたのであります。じつにありがたいことでした。私は、このように深く考えこまれた訳などは、ついぞ知得することがありませんでした。

5　夜の講演会

大学を出ての、いわば一般向け講演会に出ました。市内の、どういう性質の集会場であったのか、私には、よくわかっていません。

ここで、私は、瀬戸内海言語調査を主体にした研究発表をこころみたのでした。総領事館関係の人たちをはじめとして、なにがしかの、市内の人たち、それにトロント大学関係のかたがたが見えていたようです。

ここで、私は、大胆しごくにも、英語での話し発表をしようとしました。が、リーマンさんも笑って、〝私が通訳しましょう。〟ということになったのは、今思いかえしても、はずかしいきわみです。

会がおわってからのことを申してみます。一つに、日本から来た、史学?のトロント大学教授のかた

が言ってくださいました。おまえは、日本で講演するのと、ここで講演するのと、ちっともちがわなかったのだ。日本から来た、いろいろの先生に講演してもらってきたが、みんな、特別な所へ来たかのような気もちになるのか、力んでしまう。〞多くの人は、力んで、特別になる。〟

こう言われまして、私は、そうですかと、心うれしい気もちになりました。——私どもは、どこにあって、何をしても、まっとうな平常心で、思うところをつらぬいていきたいものです。（——ことに、方言というものにとりくんで行く身としては、平常心是道が肝心です。）

6　いろいろの人のお話し

この機会に、トロントでまじわった多くのかたたちから、私が、いろいろに解されたことを、臆せず、書いてみます。

一女性教授は、つぎのように言ってくださいました。

〝おまえはいい人だな。見るとすぐわかる。〟

なおおっしゃるには、

〝先生は、広島で講演しても、トロントのとおなじですね。〟

とのことでした。〝肩をすこしも張らず、またおじけもせず、いつもしぜんに。〟ともおっしゃいました。

上のおことばに、私は答えたいのです。〝そのとおりです。〟と。つねに真実を求めていくこと、私には、これがあるのみです。

トロント大学の他の日本人男性先生のことばには、〝稲穂のように。〟、〝やはり本物の学者。〟というのがありました。

私は思うのです。自分は、まったく、純乎とした方言研究者でありたい、と。私の、方言研究の道は、いわば、自然傍受法を精神とする道です。相手がた、あるいは外部の言語現象に対して、まったくすなおに、そのかたわらで、あるがままを受けとろうとする精神、これが、私の、研究生活すべてを根底からささえています。

としたら、どこへも、人間的には、さほどさしさわりなく接し得てきているのではないでしょうか。

方言研究法としての「自然傍受法」は、対他の万事に、許諾の精神を発揚させようとするものかと思われます。

リーマンさんは言ってくださいました。〝宿でも、みんなが、先生にしたしみました。たいせつにしました。あんなことはないんですよ。〟と。つけそえて、リーマンさんの言ってくださったことばに、〝先生は子どものような人だ。〟というのもあります。なお、〝だれとでも、だれにでも、やさしくまじわりました。大学内でも、ドアのそばの人や、エレベーターの人などとも。〟とありました。

こういうのを聞かされると、私は、要するに、「誠心誠意法」というものを思います。（これこそは、自然傍受法の精神たるものであります。）

トロントを発って米国へ向かう時は、大学の人、リチャードさんが、車で、長途西行して、米国ざかいのウィンザーまで送ってくださいました。おめずらしや、リチャードさんのおばさんも同車してくださって、ご親切に、長途のドライブの「一日お母さん」になってくださったのでした。このおばさんの言ってくださったこと、恐縮ですが、申してみます。

〝おまえの英語はいい。ことばもよく知っている。〟

これをここに今しるすことは、私としては、おはずかしいかぎりなのですが、このさいの私には、思いきってこれを書きとめてもおきたい気もちがあります。私は、外国語で相手がたにお話しをする時にも、自然傍受法をささえる「誠心誠意法」の精神で、もう一つ申せば方言研究の精神で、ことばと表現法とをえらんでいます。と、高ぶったようなことばづかいには、まず、ならないですむようです。おばさんには、こういうところが是認されたのでしょうか。——どこまで行っても、私は、方言研究の一学徒なのですね。

ここでまた、そっと、妻のことを申し出ますのを、どうかおゆるしください。自然傍受法精神のもとで活動する私のそばにいて、私の右手のかわりになったり、左手のかわりになったりする妻は、多くのかたがたに是認されたようです。私は、今ここに、家内の光栄を、代わって深謝して、かつは家内をよろこばせもするがため、トロントで、人さまが家内を評してくださったことばをここにしるします。

一婦人：Your wife is very gracious.

一男性：Gracious indeed.

第七章　米国アンナーバー（Ann's Arbor）のミシガン大学で

A　名柄君

かつて、広島大学の教室で、特異の良学生であった名柄君が、ウィンザーまで出むかえてくださったのでした。まったくの久しぶりに、彼我大歓談をしながら、アンナーバーの、名柄君のお宅に到着しました。お宅といっても、ここは、名柄君所有のアパートで、私どもは、ここで、二人、ごくのんびりと、一週間ほどの暮らしをさせていただくことができたのでした。

　朝食は、久しぶりに妻の手料理でして、最初の朝の野菜皿にはキューリ・ブロッコリー・セロリがありました。卵に牛乳、ご馳走でした。食後には、日本女子学生がつくってくださったという羊羹をいただき、しめくくりにはメロンをたべました。

午後三時半前、名柄兄来着。私どもをミシガン大学へつれていってくれました。

午後四時から六時までが、私の最初のおつとめでした。この席に、さまざまな人が会同されたのでした。ここで私は、何を話したかおぼえていないのですが、みんなが、おもしろかったと言ってくださった、と、自分のおぼえ書きカードにはしるしてあります。名柄兄が言うのに、あんなに多くの人が聞きに来たことはなかった、とのことでした。えらい学者さんも来ていられたことが、あとでわかりました。

B　最初の講演

翌日、十二時〜一時（Bag Lunch Time）に、いわば講演をしたのでした。約四十名の人たちの会同でした。

なんの拍子でか、私は、ばかに気がるになって、話しのはじめに、じつはと申したことです。

〝きょうは家内の誕生日でございまして。〟

話す英語は拙でも、その時、拍手は盛大でした。これで、私は、気らくに本題にはいっていくことができたしだいです。このあと、課長室で、秘書のおばさんの親切なもてなしを受けました。――しきりに、お茶とお菓子とをすすめてくださったのです。

C　思考言語・快楽言語

いわゆる講演のおつとめが、二・三度ありました。その間、私は、ずいぶん考えさせられることもありました。「思考言語」とでも言いましょうか、こんなふうのことを考える気もちが、私にはつよいのです。が、みなさんとの多くの会話では、むしろ快楽言語とでも言えそうなものが多く出て、私は、とかく、「考えながらものを言おう。」とする態度が弱まりました。私がしたい話しかたは、多くのばあい、不適合とも思われたのでした。

思考しつつ、ものを産み出そうとする言語生活は、どのようにしたら、人々相互の重要なものとしていくことができるのでしょうか。もとより、話すことを真にたのしむ生活が重要であります。さてその真にたのしむ中に、「考える」ことの深さもともなわしめることができたらと思います。

D　ミシガン大留学生の大石君

三重県出身で、妻君は徳之島の人。髭の人、大石君が、じっくりと、私に話してくださいました。

〝おまえの本を、多く読んでいる。〟

〝自分はディスコースの研究をやっている。〟

私は、その研究に大賛成の意を表しました。〝人間の、生きたことばの研究ですからね。〟とも申しました。

国外にあって、このように優秀な学業生活をいとなんでいる人に会えるのは、また、別格のたのしみです。

つい、余談をそえたくなりました。大石君の妻君、ひとみさんが言われました。〝(おまえは、) 本で思ったのとおなじ人だ。〟と。〝想像した人格とじっさいの人とが一致するのはまれなこと。〟ともありました。

E　アンナーバー余記

名柄兄にさそわれ、当地で、テニスあそびもしました。さいわい、家内もできますので、三人が、二回ほど、テニスあそびをしました。ミシガン大学とテニス、これは、私どもにとって、今も忘れられない、うれしいことです。

もう一つ英語のイントネーションのことです。ミシガン大学の、さる老教授のご夫妻に招かれての夕食会の席上、夫人が言ってくださいました。〝おまえは、イントネーションがいい。………。〟私は、この席で、イントネーションについてのお話しが頂けたことを、ことのほかありがたいものに存じています。

別篇　夫婦ペイチン〈北京〉

はしがき

国内で、方言研究の旅に出た時のことです。

全国幾十要地一週間滞在、重点調査との心もちで、年じゅう、国内諸地方への旅をつづけていたころのことです。ひと冬、お正月休みあげくに、兵庫県但馬の南部に出かけようとしました。妻といっしょに広島駅に来ますと、お客で大混雑です。上り急行の三等車に乗ろうとしてデッキの所に来ましたが、はいりかねるありさま。

〝きょうは行かないことにしようか。〟

と家内に申しました。

と、家内は、〝だいじょうぶですよ。〟、〝何でもありませんよ。〟とかいったようなことば（だったと思います。）とともに、私を、しゃにむに、おし上げたのでした。

「要地調査に出かけるのだ！」といったような気もちはありながらも、よわ気になってふらつく私の気もちを打ち消して、デッキに私をおし上げた、その、私のせなかへの手、忘れることができません。

私の研究生活は、一から十まで、妻にささえられながらおこなってきたものにほかなりません。右の、別篇の題目、「夫婦北京《ペイチン》」とのことばこそは、私の、心をこめて言いたいものです。

▽ 北京からの帰途のこと

昭和六十一年、北京大学での仕事をおえての帰り道のことです。旅客機の中で食事をしながら、

〝こんどは、ふたりで一冊の本を書こうね。〟

と私は言いました。——旅行に関しての本だと説明しました。

妻は、例によって、何もとりあってくれませんでした。私は、こんどこそはと思いきめているものですから、へこみませんでした。たのむたのむで通し、そのうち、航空機は長崎方面の上空にさしかかったようです。この時、私は力んで、

〝ぜひいっしょに書こうね。〟

と言いました。〝どんなにすこしでもいいのよ。とにかくいっしょに本をつくろう。〟とくりかえしたのです。

どういうはずみでしたか、さしもの妻も、どうやら承知してくれそうなおもむきになりました。なんと、これまでになかったことが実現されるのだと思って、私は、うれしさ無上でした。

※　※　※

大阪の空港から、大阪駅近くの宿に着きました。

ひと休みしたかとおもいますと、家内が言うではありませんか。

〝私は書けませんから。〟

なんということを言ってくれるのでしょう。私はショックでしたが、無論、断念はできませんでした。なんとかして書いてもらうのだと、自分につよく言いきかせたのでした。

「夫婦北京」（ふうふペイチン）、なんというかわいい名まえなのでしょう。これを口ずさみながら、今、私は、このことばのひびきの、私をみちびいてくれるのに従順に、私どもの学遊記を書いてみます。

研究の　旅
ふたりの　旅

私どもの人生
生きつづく　生

学道無限

一　北京大学勤務

北京大学では、九月からの三カ月、東方言語文学系日本語学科の大学院で、おつとめの仕事をしました。限られた少数の男女学生諸君、それに若い先生がた、というところで仕事をさせていただいた愉快さは、今も、胸中にあざやかです。

二　北京での事始め

北京に着いて、大学の専家寮におちついた時、私は、窓べの一室の机で、すぐに仕事をはじめました。原稿用紙に向かって、まず書いたのが、『私の言語の学』という題名でした。

方言の学をこととしてきた私は、こういった生活のしかたで、言語の学を実践してきています。この時は、「方言の学」→「言語の学」の正道を、じっくりと見つめたのでした。

別の部屋では、妻が、荷物の整理をはじめたようです。

勉強べやのガラス窓の外には、そら高く、北京の青々とした天空が開けています。北京の空は、どうしてこんなにきれいな青天空なのでしょう。

その後毎日仰いだ天空、その天空を頭上にしつつ、私は、ひたすら、原稿用紙に鉛筆を走らせたのでした。

書いたり消したりはあまりしないで進んだ原稿の、毎日、時間を得ての書き進めが、のちの、『私の言語の学』（三弥井書店　昭和六十一年十月）の大部分になりました。

三　「的」

第一日の夜のことです。

部屋にそなえつけのテレビがありました。ともかくもそれをつけてみました。八時ごろでしたでしょうか。

放送されているのは、中国の劇のようでした。男性や女性が出てきています。たがいにものを言いあっているのですが、私どもには、なんのことかさっぱりわかりません。が、画面そのものの進行は、見ていてわかることですから、なんとなく、中国テレビをたのしんで、私どもは、おとなしく見ていました。

ところが！　一人物が、（女性だったでしょうか？）

〝チェンダ。〟

と言ったのです。ははあ、「真的。」なのかと私。画面のこのばあいは、〝ほんとう！〟、〝そうなの！〟とうけがうものであったかと思います。

しめた、一つ、中国語がわかったぞと、急に躍起になりました。それからは、また「チェンダ。」が出ないかと、ずっとテレビを見つづけました。

ほかにわかることばは何もありません。ただ、目あては「真的。」一つ。私は、これを目ざして、以後、毎晩毎晩、熱心にテレビを見たのでした。

画面を見るだけにしても、家内といっしょで、首をそろえ、毎夜毎夜テレビを見ておりますと、話のすじがぼんやりわかったりすることもあって、けっこうおもしろかったのです。
その映画で、若者ふたりが、やがて、乗り物を利用して、いなかの方へ行きます。そこには、女性のうちがありました。その場面で、また、この女性が「真的。」——家の人に言いました。

中国のかたたちに、私が、「真」と「的」とを分別して、「的」の説明を求めようとしますと、たいていの人は、「分けられないんだ。」というようなことで、「的」の説明はしてもらえませんでした。私は、センテンス表現での文末詞（Ending Particle）に執心してきた者です。「的」をとらえては、これをじっと見つめるようになりました。「中国語での文末詞の一つがここにある。」との思いが深くなりました。

中国語で、たとえば「いいですか?」と言う時、「好吗。」との言いかたがなされています。——「hao ma?」。この「吗」こそは、文末詞と見てよいものではないでしょうか。「吗」に等しいものが「的」だと、私は考えたいのでした。
じつによく用いられる、文末の「的」。これは、どんなに簡潔な文表現の末部に見いだされようとも、一品詞、文末詞としてとらえるのがよかろうと思います。

四 「好」

「好」（hao）の一文字。これこそは、中国語の日常会話の中で、最高度に頻繁に用いられるものとされるのではないでしょうか。「好い」ことはみな「好」です。

さて、「お早うございます。」は、

〝你好。〟

などです。

中国滞在第一夜を過ごしての翌朝、朝食のため、食堂に行かなくてはなりません。部屋から出て、戸ぐちにさしかかるすぐ手まえ左がわに、従業員さんの部屋があり、通路ぞいには、番台のようなものがあります。朝、そこにちゃんとすわっている女性のかたに、「お早うございます。」と言って通らなくてはなりません。私どもはここですぐに〝你好。〟を言いました。先方も、にこにこと、〝你好。〟です。相手がたが複数の時は、〝你們好。〟でしょうか。

食堂に着きました。長ての大食堂があって、これの右三分の一が、ついたてでしきられて、私ども専家の行くべき食卓になっています。一つの机についていますと、女性のかたが来ました。〝你們好。〟。これに答えて〝你好。〟です。さて、何を注文するかと聞いてくださるのでしょう、何かを言ってくださいますが、これがチンともプンともわかりません。私どもは、それこそ手まね足まねで、そのへんでたべている人の物をそっと指さしたりして、ものをたのみました。なんというほねのおれた朝食であったことでしょう。

二・三日しますと、すこしはなれて、どうせわからなぬのなら、いっそのこと、みなさんが行くふつうの広い食堂へとなりました。

注文をとる所へ行きますと、おばさんたちが二・三人いて、相手になってくれます。私どもは、できた物を見本のようにおいてあるのに目をつけたりして、ともかくも、朝食らしい物をお膳に乗せてもらったのです。けっこうたのしい注文でした。

日ならず、このおばさんたちと仲よくなったのが、なによりの「好」です。

話しはとびますが、北京大学滞在の三カ月をおいとまする段になって、もっともつよく別れを惜しんでくださったのは、このおばさんたちだったでしょうか。これを書いてる今も、私は、粗末なとも言える平常服を着た大がらのこのおばさんたちの顔が、目によく浮かんできます。

※　※　※

素人流に申しまして、中国語の中のいちばんだいじな単語といえば、「好」ではないかと私は思うのです。この一ことばは、どこへ行くのにも、手放しにしてはいけません。「たいへんよい。」とほめたいばあいは「很好。」。「もっともよい。」「ひじょうによい。」と称えたいばあいには「頂好。」

さて、わるいばあいは「不好。」。

私どもが、広島の家族の者に電話をかけたことがあります。夜分、それ用の電話のつかえる部屋に行って、広島の子どもらと通話することができました。

さて、こまったのは料金です。これはのちに請求があって、お払いすることになりました。いく晩めの夜でしたでしょうか。もう寝台についたころに、電話のベルが鳴るではありませんか。私は、受話器を取ったものの、相手は、電話の料金を請求する人でした。女性の声で、何やら言ってくださるのですが、そのペラペラは、全然わかりません。へんなことばを一ことば二ことば言ってみては、むこうのことばを待ちますが、こんなことのくりかえしで、決着は、なかなかつかなかったのでした。委細ははぶきまして、ことの末は、私のへんなことばを受けての、先方さんの〝好。〟におわりました。私には、またとない、たっとい「好」でしたね。

付　註

北京大学に来ての、こうした私の生活は、日本での、長年の、方言研究の旅行生活そのままです。これから先、中国でのいろいろの経験をつづりますが、やはりみな、日本での、私の方言研究の心がけと同一のものです。

要するに、私には、所と時とを問わず、そこそこで、そこのことばの生きてはたらく事実をとらえようとする探究心が、つねにはたらいています。生きてはたらくことばには、かならず、人の心の奥深い真実が生きていましょう。——これはまったく、美しい、たっといものです。

研究は、こうして、人間の中の貴重なものにせまっていこうとしています。（これこそ、生き生きとした研究でもあるのではないでしょうか。）

五　私の中国語学習「事始め」

1　『官話急就篇』

広島高等師範学校三年生の時、週一時間、中国語（当時は「支那語」と言いました。）の授業がありました。講師は落久保半一先生、教科書は『官話急就篇』でした。

落久保先生は、出席簿で出席をおとりになるのに、私どもの名を、中国語でおっしゃいました。私は、

トホン・ユアン・センション

とよばれました。これは、漢字で書けば「藤原先生」というのでした。「先生」は「さん」に当たるもののようでした。

『官話急就篇』のいちばんはじめには、「名辞」というのが出ていて、「一　二　三　四　五　……」というのがありました。

以下、こんなかんたんなことばがずっとつづきますが、さて、それを中国音で習うとなっては、一々、じつに厄介なものでした。

落久保先生の一時間は、にこやかに教えてくださる先生のもとにありながら、じつにほねのおれるも

のでした。

けれども、万事が変わったものごとでありますから、未知の異国語を習う興味も、しだいにわいてきたように思います。『官話急就篇』の「問答之上」の所は、ずいぶん有益でした。みっちりと、しこんでくださった先生のご教授のあとが、『官話急就篇』への私のたくさんの書きこみに、よくあらわれています。

2　中国東北部・朝鮮旅行が計画されて

落久保先生の中国語教育が、私どもの胸をつよく打ったからでもありましょうか。クラスの中で、そちらの方へ旅行してみたいなあ、という声がおこりました。青木君が音頭をとってくれて、やがて九人ほどの旅行希望者ができました。

当時のことです。高等師範学校生徒にすぎない私どもが、単純に外国へ出ていくことなどはゆるされません。なにがしの研究団というような名目で、先生につれて行ってもらうという形がとられて、三年生最後の休暇の時、十数日の旅行ができました。

さて、この旅行がきまって、旅行希望者どもは、急遽、落久保先生の課外教育をいただくことになりました。一・二週間のことだったでしょうか。しかし、ご熱誠の先生は、プリントを用意してくださったりして、基礎的な、だいじなことを、多く教えてくださいました。当時のプリントを見ますと、北京語と地方語とで、発音がどのようにちがうかというようなこともお習いしています。当時いちばんおどろいたのは、漢字発音の声のあげさげに、いろいろなきまりがあることでした。北京語では、図のよう

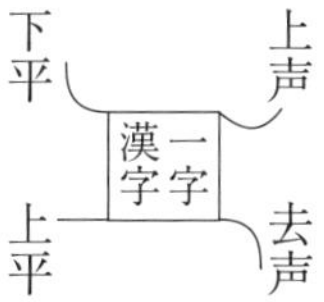

に、四通りの声づかいがあります。

上海語となると、五通りになるのだそうです。広東語となると、七通りになるのだそうです。これだけを習った時にも、私どもは、たいへんな所へ行くんだなあと、痛感したのでした。

六　中国東北部・朝鮮の旅

1　大連上陸

私ども九人ほどの旅行団は、門司で、なんとか丸という大きい船に乗りました。大連上陸まで、東シナ海はおだやかで、私どもは、たのしい船旅を満喫することができました。

大連上陸、中国語の世界です。

大連滞在の二・三日の内、町通りに出た時のことです。

私は、時計屋にはいりました。なにぶん、当時、日本円の力がつよかったので、私は、六円で懐中時

計を買うことができました。この店を出る時です。若主人が、むこうを通る人力車に向かって、

〝ヤンチョー、ライライ。〟（洋車、来い来い！）

と言いました。なるほど、人力車は「洋車」なのですね。「ライライ」は「来々」ということなのですか。実用中国語の有効なはたらきを耳にして、私は、ほくそえみながら、その人力車に乗ったのでした。

市内バスに乗った時のことです。髭もじゃのおじさんが乗ってきました。かわいい娘車掌さん〈日本人〉がすぐに言いました。

〝チェン、メイユー。〟

聞いて私はびっくりしました。――「お金、あるの？」と問うたのでしょうか。当時のことです。聞きとりがまったくあやふやです。

旅順に出かけた時のことです。私ども一同は、馬車に乗りました。私は、座席の最前方にすわったのでした。車がうごきだした時、私は、車掌のおじさんのせなかへ自分の身を合わすようにして、相手の肩に手をかけながら、

没有工夫麽。

と言ってみました。車掌さんはこれに答えて、

没有。

と言いました。私が、中国語で現地の人と直接会話をしたのは、これが、生まれてはじめてです。

2　渤海湾をへて天津へ

ここまで来ますと、もはやすべてが中国語の世界です。ですが、私どもは、日本人経営？の高等女学校の日本人先生がたのおせわになりましたから、私にも、中国語の珍談めいたものが無いじまいでした。

3　北京到着

天津をおそく発ちましたので、北京へ着いたのは夜でした。

さすがに北京、北京駅らしい大きな駅に着きました。

人もドヤドヤと下車しますので、北京へ来たなと合点したのですが、そこが私のやりどころで、ホームに着きますと、すぐの人に、聞いてみました。

ペイチン、タオラ？　(北京到了。)

すると、相手のかたが、

タオラ。タオラ。(到了。到了。)

こうして、私は、本場の本場、北京で、中国語会話を実現してみることができました。

4　北京の思い出

思い出の第一は、なんといっても、北京料理のすばらしさです。

私どもが、土地の人に案内されて料亭に行きますと、入り口をすぐはいった所に、ずらりと四・五人の男の人がならんでいます。両手を筒袖の中に突っこむようなあのかっこうで、つまりはていねいな札法のもとで、〝ライライ！　ライライ！〟をくりかえし言ってくれます。

さて、着席した丸テーブルのすばらしいこと。人数にあわせて、しかるべき部屋にみちびくらしいのです。

その丸テーブルに、名にしおう中国料理の出ること出ること。大鉢小鉢に入れられたものが、つぎからつぎへと出てきます。その豪華さは、まったくおどろくにたえたものでした。

肉でも魚でも、骨とか皮とかがあったとしますか。たべられない物は、みんな、机の外の板の間へ落とすのです。なによりもおどろかされたのは、一席いくらということらしくて、そこへ人数が多かろうとすくなかろうとそれは不問というわけです。人数が多くすわればそれに合わせて多く出すという安配でした。

七　北京生活三カ月

1　北京大学構内

広いと言えば、これは、ものすごく広いものでした。東西に正門があって、いずれも堂々たるものです。絵はがきなどで、これをご覧になったかたも多いのではないでしょうか。私どもも、その門を通るたびに、なんとも、大学だと、痛感したものです。——外観と言いましょうか。（俗なことばで）見せかけと言いましょうか、いえ、そういう俗なことばで言いあらわしてはいけないことなのですが、なにごとにつけても、見た目の堂々たるさまを設けるのが、この国のふうかと思われるほどに、大学内を問わず、北京で、どこに行っても、わけある場所、廉ある建て物がみな堂々たるものです。「紫禁城」という、梅原龍三郎氏の名画の絵はがきなど、見られたかたも多いのではないでしょうか。公園にしても、北海公園・南海公園など、桁ちがいの大きな構えです。（海のような大きな湖がありました。）

北京大学へもどります。私どもの宿所の専家寮は、構内の南寄りにありましたでしょうか。到着の翌々日、私どもは、学内を見物することにしました。ずっと遠方に高い石塔が見えますので、あちらの方へ行ってみようということになり、構内を、北へ北へと歩きました。学舎が多く立ちならんでいるのを見ながら進みます。やがて、公園ふうの、樹木の多い所に出ました。すると、大きな池も見えてきました。〝広いものだなあ！〟と言いながら、家内もきっとそう思いながら、二人は、ゆるやかな散策をたのしんだしだいです。

さて、もう帰ろうかということになって、帰り道につきます。ところが、なんとしたことか、私は、行く道に迷って、どちらへ行けばよいのか、わからなくなったのです。大学の構内で道に迷うなんて！

すると、家内が、〝こっちよ。〟と言いながら、ずんずん進んで私を案内するではありませんか。これにはおどろきました。まったくはじめての所ですのに、家内が、専家寮に帰る道すじの案内役をかったのです。（――やはり、夫婦というものも、いざという時には、女房のほうがえらくなるのでしょうかねえ。）

専家寮も近いという所まで帰りますと、左前方に、テニスコートが見えました。私は、

〝テニスができるよ。〟

と家内に語り、二人はおおいによろこびました。

その後いく日めかのことです。専家寮の人たちをつれて、市内の外国人向けの小デパートに行くバスで、その店に行きました。さいわい、すぐに、ラケットを買うことができました。

これからの三カ月間、私どもは、いくたびとなく、テニスをたのしんだのでした。コートは二面ありました。が、私どもが行った時は、たいてい二面とも空きというぐあいで、ここは、私どもに恵まれたコートだったのです。（つかいなれたラケットは、帰る時、研究室に寄贈しました。）

2　日本語研究室

私が三カ月間勤務したのは、「東方言語文学系」という学部の「日本語学科」の大学院でした。（今では「中国北京大学外国語学院日本語学部」という名まえになっています。）

私がはじめて出頭した日には、長以下十名内外の人がいらしたでしょうか。なんと、大胆すぎたことに、私は、中国語であいさつしたのです。広島で教えてもらって稽古にはげんだのを、おもいきってやってみました。みなさんが、にこにこ顔で拍手してくださったのは、今も、はずかしい思い出です。

3　私の教室

教室では、私は、おもには日本語の文法について語りました。中国語のばあいともくらべたりしながら、やっていったものですが、聴講のかたがたの熱心なのにはおどろきました。大学院生五・六人、それに、若い卒業生の女性たち、その他若い男性たちが、聴講の席につらなりました。

私は、講述で、日本人・中国人といったような区別はうち忘れて、ひとえに学に熱中しました。受講態度の、それはそれはりっぱであったことが、今も目の前のこととして、思いだせます。

4　遠足

日本語流に言って文学部の、遠足会がありました。かの「北京原人」の発掘跡に行ったのでした。

私どもの、なによりもうれしく、かつありがたかったことは、歩く道みちで、先方の年配の教授が、たえず私の手を取ってくださったことです。中国古来の「礼」というものが、私の胸にジーンと迫りました。

遠足と言えば、私どもが、まえに、北支満鮮旅行した時のことを思いだします。当時、日程の中に、明の十三陵を見学することがありました。北京から、一日がけで、この十三陵の見学をしたわけです。――タクシーいく台かで出かけたのでした。

さて、行ってみますと、おどろいたことに、芽葺きやね?といったような大きなやねの建て物がいくつかありまして、そのやねの下が陵だとのことでした。私は、やねに草ぼうぼう、しかも、背たけの高い草が立ちならんだようなおもむきだったのを、その時、じつに感慨ぶかく受けとめました。かつての陵が、この荒れはてたやねとは！ ――国のとりあつかいは、どうなっているのだろう、とも思い、青年の私、まともには、見あげかねるここちでした。

話し変わって、北京大学滞在中での、明の十三陵での遠足では、まったく変わった十三陵を見ることができたのです。

すべてはきちんと整理され、しかも、第何陵に行った時は、大きな地下室が掘りあけられていて、しかもその地下室が、二階三階と下へ下りていけるじゃないですか。いちばん底の室に、王と王妃との柩があったのですね。

こうだったのかと、私は、しばしその場所にうずくまったのでした。長く手を合わさないではいられなかったのです。

草の生えしきったやねの建て物と、階下深く掘りあけられた地下室のありさまと、なんという大きなちがいでしょう。中国の太々しい歴史がここによこたわっているのかと、深く思わざるを得ませんでした。

5　学内大会食

いつの日でしたか。外国人教師全体を対象とした、学内の歓迎夕食会がありました。学長をはじめとして、諸教授が出席していられました。

学長さんは、私どもの席をまわって、みんなにあいさつされました。

私の時のことです。〝京都大学で数学の学会があって行きました。〟と言われました。長身の恰幅のいいかたでしたが、私どもをすわらせたまま、みずからは腰をかがめて、やさしく語ってくださったのでした。（もとより中国語でしたが、おつきの人が訳されまして。）

6　出張旅行一週間

九月のはじめ、みなみなに一週間の休暇があたえられ、外国人教師は、出張旅行をすることができました。私ら夫婦は、南方、上海から、蘇州・杭州の旅行をたのしみました。

さいわいなことに、日文研究室の陳助手さんが、案内役に同行してくださいました。

この旅行でのお話しは、また、ことばにつくせぬほど、たのしい、おもしろい、有益なものでした。時あたかも旅行季節なので、どこに行っても、宿は満員ということでした。ところが、わが陳君は、そんなことには頓着しないで、駅でタクシーに乗りますと、どこかへ行けと言います。宿に着きまして、満員のはずですが、陳さんが説明すると、〝おいでおいで〟して、職員が私どもをへやに案内してくれます。――北京大学から来た、こういう者だと私どものことを話すと、ことがみな通じて、このあとも、どこへ行っても、一件落着なのでした。

各地で利用したタクシーが、また、おもしろいものでした。お昼どきになります。陳君が、ほどよい所に食堂を見つけ、そこへ私どもを案内します。おもしろいことに、タクシーの運転手さんも、なんとなくといった感じで、いっしょにはいってくるのでした。この人も歓迎して、ともに食卓を囲みました。

蘇州市内では、「白壁と運河の町」が目にとまり、ベニスを思い出しました。杭州では、有名な西湖に遊んだことです。

上海の、あしかけ二日も有益でした。

7　北京市内それこれ

市内へはたびたび出ましたが、いわゆる本通りのにぎやかな所へ行ったのは、一・二回にすぎません。

①百貨店

一回は、北京一番の百貨店にはいってみました。ところが、人が混みあうのなんのといったらありません。たいへんな混雑で、物を買おうにも、売り場に寄りつけないほどの混みあいです。すばらしいと言えばすばらしい混雑ぶりの百貨店でした。

②食堂

繁華街をちょっと横へはいった所の、有名な食堂にも行ったことが一度あります。お昼どき、なるほど、多くの客が詰めかけていまして、丸テーブルでたべている客人たちの周囲ぐるりに、つぎの席をと待っている人があるという始末です。あの机にもこの机にも、待ち客の輪ができていました。やむをえず、私どもも、二人してその待ち人の輪の中に加えてもらったしだいです。

この時、私は、しみじみと、旧の中国旅行のことを思いだしました。待つどころか、〝来。来。〟とばかり迎えられて、大きいテーブルにすわったあの時の雰囲気と、今日のこの食堂風景とのなんと大きくちがうことでしょうか。時代も、こんなに変わるものですかねえ。

(思いだしました。テーブルに着いてたべている人も、立ち番の人たちのことをなんにも気にしないふうであったし、また、立っている人たちも、あせるでもなくというふうで、なんとなくござっぱりした感じで、ぐるりへ立っていました。)

③清華大学

北京での諸大学の中、他大学に行ってみたのは、清華大学がおもなものです。ここをすすめてくれたのは、かつての、広島への留学生、段多朋さんでした。（大学の広い構内に、段さんたちの宿舎もありました。）

さて清華大学内では、理科系の教室の多い所を、廊下を歩いて見てまわったというのが、せめてもの見学でした。——おじゃまをしてはならないと、慎んだしだいです。が、この大学は、北京大学にもついで、優秀な大学なのではなかったでしょうか。

※　※　※

段さんのお宅へは、二度か三度おじゃましたことがあります。長男さんたちは別居でしたけれど、なにさま、お父さんの旧師が来るというわけで、参上のたび、長男さんが馳けつけて、料理いっさいをしきってくださいました。その家庭中国料理のおいしかったこと。いまだにすこしも忘れられません。餃子とか焼売とかもつくって出されるたびに、おいしくておいしくて、ずいぶん頂戴したのです。

そのむすこさんが、昨年は、日本に来て宮島も見たいとお手紙をくださいました。（手紙は、お父さんの代筆でした。）いっしょうけんめいせわをしましたが、何か手つづきのめんどうなことがいく段もあって、いまだにそれが実現できず、沙汰やみみたいになっているのが残念至極です。申しわけないことと思っています。

④日本語学校でのお話ししたこと

大学でのつとめの途中、市内の日本語学校でお話しする機会がありました。聞き手のかたたちは、みなさん、社会人のかたたちのようでした。

私は、どういう題目であったか忘れましたが、日本語を学び、日本語を教えるみなさんにすこしでもお役にたてばという心がけのお話しをしたことはたしかです。

その中で、日本語にあわせて、中国語の語句などもとりあげてみたようなことでした。

お話しがおわってのことです。学校がわのかたがた同席の所に招かれ、お茶をいただきました。

その歓談の席でのことです。多くのかたが口々に、〝おまえの中国語発音のアクセントはよかった。〟、〝一つもまちがっていなかった。〟と言ってくださったのです。この時のうれしさは、今もよくおぼえています。（とびあがらんばかりのうれしさでした。）

やはり音調ですね。ことばといえばイントネーション！

八　日本語教室の人々とのお別れ

1　先生がたの催してくださった送別会

私どもが、あとわずかで北京を発つということになったころおい、日本語学の研究室のみなさんが、一席、送別のもてなしをしてくださいました。ここは、別格の、よい所だったようで、西洋ふうの雰囲気にちかいものがありました。出てくる中国料理は、西洋料理屋でのもてなしのような感じのものでした。私は、旧時の中国料理店のことを思い、中国での、時の変遷というものを、深く考えさせられたのでした。

2　だいじな記念品

受講生のみなさんからは、送別の意のこもった画額をいただきました。これは、私ども、生まれてはじめて見る異色のみごとなもので、私どもには、思い出深い記念品になりました。下にかかげる物がそれです。

帰国ののち、気づいたことですが、額ぶちの背後に、つぎにしるすような記載のある長方形紙片が張られていました。

こんな名画を恵与せられたかたがたの中の、いわばきも入りのかたたちといえば、女性のかたたちであったでしょうか。と申しますのは、私たちの部屋まで持ってきてくださったのが、二・三の女性学生さんたちでした。

この絵については、ここにしるすのもはずかしい珍談がございます。私は、帰国の荷物整理がたいへんでしたので、――それに、かたがたからのおみやげ記念品もふえる一方でしたし、妻に、〝この絵はおいて帰ろうか。〟と申しました。これには妻が力づよく反駁いたしまして、私もまいってしまいました。

ところで、空港での、みなさんとのお別れののち、この絵もつねにかかげて航空機まで出たのは、たいへんなしごとでした。

泼水节
云南省 傣族《dai》
春节すぐあとの時
塗漆画《tu qi hu》

あのように熱意をこめて、この画額への愛着を語った妻。私は、勉強べやの中に飾り、今も、家内（の写真）とともに、日夜ながめています。

九　帰り航空路

座席についても、ご熱誠そのものでお見おくりくださった多くのかたがたのことが、くりかえし思いかえされて、流涕不止でありました。家内にも申しました。〝絵をいただいて帰ってよかったね。〟私は、機内でも、脇へおいたりはしないで、だいじに、絵を持っていました。こう書いている今も、思うことです。家内の言うことをしてよかったなあ、と。——いえ、いつでも、何でも、私がしぶったりした時、家内が言ってくれたことは、みんなよいことでした。

さて、航空機が伊丹空港に安着し、大阪市外に住む姪夫婦に迎えられたりして、予定の宿に着き、荷物をおいたころ、

〝いっしょに旅行記を書いてくれないかなあ。〟

とまた思ったのが私でした。

あとがき

北京・南中国の旅をおえてのこと、家内が、
〝日本旅行も、八十八歳までもしましょうね。〟
と申しました。年を重ねても、勉強はやめるなと、申していてくれたのでした。

※　※　※

私どもは、二人一体の、在外研究の旅を重ねてきて、何を、どんなことを、求めようとしてきたのでありましょうか。

何を求め得たのでありましょうか。

限りもなくと言いたいほどに、多くのことを学んできました。貴重な体験を身にすることができたとも言えるでしょうか。

こういうことを反省しながら、夫婦旅の精神的恩恵とも言えるものを、今、かみしめています。

一般論としたら、つぎのようなことを申してもみたいのであります。

○世界の共通語は「人間愛」だ。

○ことばの生命も、「人間愛」だ。

心からのことばが、相手に、まっすぐに通じましょう。赤ちゃんにも。

「心＝ことば」。——土地々々の方言も、そこの一ことば一ことばが、「心のことば」としてひびいて来ます。

私は、心をいっぱいに開いて、「人間」のことばを探究していきたいと思います。

著者略歴

明治四十二年一月　愛媛県に生まれる。
昭和十二年三月　広島文理科大学卒業。
昭和四十七年三月　広島大学教授を退官。
現　在　広島大学名誉教授。文学博士。
主な著書―『方言学』（三省堂　昭和三十七年）、『方言研究法』（東京堂出版　昭和三十九年）、『方言学原論』（三省堂　昭和五十八年）、『昭和日本語の方言』第一～八巻（三弥井書店　昭和四十八～平成十四年）、『昭和日本語方言の総合的研究』第一～三〈上中下〉巻（春陽堂書店　昭和五十三～六十一年）、『続昭和（↓平成）日本語方言の総合的研究』第一巻～七巻（武蔵野書院　昭和六十一～平成十四年）、『瀬戸内海方言辞典』（東京堂出版　昭和六十三年）、『日本語方言辞書』上中下別巻（東京堂出版　平成八年、平成十四年）

藤原与一　ことばは、愛。

二〇〇三年九月二〇日　初版印刷
二〇〇三年九月三〇日　初版発行

著　者　藤《ふじ》原《わら》与《よ》一《いち》
発行者　今泉弘勝
印刷所　株式会社三秀舎
製本所　田中製本株式会社
発行所　株式会社　東京堂出版
〒一〇一-〇〇五一
東京都千代田区神田神保町一-十七
電話 三二三三—三七四一　振替 〇〇一三〇-七-二七〇

ISBN4-490-20507-4　C0081